武士の人事

山本博文

角川新書

はじめに――松平定信の登場

天明《てんめい》七年（一七八七）六月十九日、八代将軍吉宗《よしむね》の孫で陸奥《むつ》白河《しらかわ》藩主松平定信《まつだいらさだのぶ》が、老《ろう》中首座《じゅうしゅざ》に任じられ、奥（中奥《なかおく》のこと）のことも兼ねるとされた。つまり筆頭老中であるとともに、将軍の側近く仕える中奥役人の責任者にもなったのである。

定信は、御三卿《ごさんきょう》の田《た》安宗武《やすむねたけ》の七男で、幼名を賢麻呂《さかしまろ》といった。安永《あんえい》三年（一七七四）三月十五日、白河藩主松平定邦《さだくに》の養子となって定信と名乗り、その娘を妻としていた。定信は宝暦《ほうれき》八年（一七五八）生まれだから、十七歳のときである。

田安の家は、宗武の長男から四男までが夭逝《ようせい》していた。明和《めいわ》八年（一七七一）六月、宗武が没したため、五男の治察《はるあき》が家を継いだ。六男豊麻呂は、すでに明和五年、伊予松《いよまつ》山《やま》藩十五万石の藩主松平定静《さだきよ》の養子となり、定国《さだくに》を名乗っていた。

こうした中、時の老中田沼意次《たぬまおきつぐ》は、白河藩の申し出を許可し、賢麻呂を松平定邦の養子とした。ところが残念なことに、賢麻呂が養子に出た安永三年の九月八日、兄の治察が二十二歳の若さで没する。

跡継ぎがいなくなった田安家は、当主不在の明屋形《あきやかた》となった。もしも賢麻呂が田安家に残っていたら、当然田安家を継いだであろう。そして、徳川宗家では、十代将軍家治《いえはる》の世子《せいし》家基《いえもと》が、安永八年二月二十四日、十八歳で急逝する。兄弟は残っていなかったから、定信が田安家を継いでいれば、御三卿筆頭の田安家当主として、十一代将軍の最有力候補となったはずなのである。

しかし、定信が白河藩に養子に入った時点では、そうしたことは予想もされていなかった。天明元年閏《うるう》五月十八日、御三卿一橋治済《ひとつばしはるさだ》の子豊千代《とよちよ》が家治の養君とされ、江戸城西の丸に入ることになったのも、時の巡り合わせで仕方のないことだった。

定信は、天明三年十月十六日、白河藩主となり、藩政改革を行うなど、名君の誉れ高かった。天明五年十二月一日には「一代の間（一代かぎり）溜間詰め《たまりのまづめ》」を命じられ、幕政顧問の立場に立った。

天明期は、一般的には「田沼の時代」と言われ、賄賂《わいろ》政治全盛の時代だった。幕府内で昇進しようとすれば、多額の金品を使う必要があった時代である。しかし、金品を積めば上位の役職への昇進がかなうということは、それまで重要な役割を果たしていた家格が昇進の一条件にすぎなくなったということでもある。そのため、幕府役人の社会は、活性化していたとも言える。もちろん一面では、役人の腐敗・堕落も目に余った。

定信は、田沼を敵視していた。田沼のせいで田安家を出る羽目になったという恨みもあっただろう。田沼のやることが気に入らないので、彼を刺し殺そうと、懐剣までこしらえて、一、二度は決意して田沼の前に出たという。

しかし、それでは自分の名は高まるかもしれないが、上の不明を暴露するようなもので不忠であると思い直し、逆に田沼を毎日のように見舞い、乏しい藩財政の中から金銀を献上して席を進めてきた。そして、ようやく溜間詰めとなって、将軍に長文の意見書を提出したのである。

この意見書は、辻善之助《つじぜんのすけ》氏の『田沼時代』（岩波文庫）に全文が収められている。その中では、「私所存《わたくししょぞん》には誠に敵とも何とも存じ候《そうろう》盗賊同然の主殿頭《とのものかみ》（田沼意次）」と書くなど、田沼への敵対心を隠そうともしていない。

また、当時の老中についても、「御老中衆の御志無き御事、憚《はばか》りながら不忠至極の御方々」と、非難している。確かに当時の老中は、田沼の行動を掣肘《せいちゅう》するどころか、それに便乗して私腹を肥やしていた。定信が非難するのももっともだが、かなり思い切った意見書である。

それにしても、自分の理想を実現するために、敵であり「盗賊同然」と思う田沼の前に膝《ひざ》を屈して溜間詰めとなったところを見ると、定信という人物はなかなか我慢強く、戦略家だったようである。

この定信の意見書もさることながら、天明三年七月七日には浅間山《あさまやま》の大噴火が起こり、この年から天明七年にかけて天明の大飢饉《ききん》が起こった。各地で打ちこわしが頻発し、天明六年七月、関東には大雨で洪水が起こり、江戸で大被害があり、田沼が進めていた印《いん》旛沼《ばぬま》の干拓も、利根川と印旛沼の締切口が破れ、失敗に終わった。

こうした天変地異や失政の責任を問われ、この年八月、田沼は職を辞し、雁間詰《がんのまづ》めに退いた。田沼を擁護するはずの将軍家治は、重い病気にかかっていた。

田沼が老中を罷免《ひめん》されたあとの体制は、井伊直幸《いいなおひで》が大老《たいろう》の職にあり、老中は松平康福《やすよし》、牧野貞長《まきのさだなが》、水野忠友《みずのただとも》の三人だった。

田沼が老中を退いて一カ月もたたない九月八日、家治が没した。養君となっていた豊千代が跡を継いで西の丸から本丸に入り、十一代将軍家斉《いえなり》となった。まだ数えで十五歳の少年だった。西の丸老中鳥居忠意《とりいただおき》が、家斉に付いて本丸に移り、老中となった。

老中に定員はないが、少なくとも三人以上で、この時期は通常五人だった。最長老の松平康福は、宝暦十二年からすでに二十四年にわたって老中を勤めており、そろそろ引退する時期である。また、十五歳の幼い将軍を補佐するためには、四人では少ないということで、治済は、御三家に協力を仰ぎ、松平定信を老中にする運動を始める。

しかし、田沼時代に慣れた老中は、反田沼の急先鋒《きゅうせんぽう》であった定信が老中になることを嫌い、御側御用取次《おそばごようとりつぎ》の横田準松《よこたのりとし》や本郷泰行《ほんごうやすゆき》らと協力し、大奥をも巻き込んで定信の老中就任に抵抗した。天明七年三月七日には、備後福山《びんごふくやま》藩主で寺社奉行《じしゃぶぎょう》の阿部正倫《あべまさとも》を老中に補充した。これも定信の老中就任を妨害するための人事だっただろう。

こうした状況を打ち破ったのが、天明七年五月二十日に起こり、二十四日まで続いた天明の打ちこわしと言われる江戸の民衆騒動事件である。

この事件を将軍に正しく伝えなかったことが理由となり、二十四日、本郷が罷免され、二十九日には横田が罷免された。

将軍側近から旧田沼派が排除されたことによって、定信の老中就任に障害がなくなった。六月七日、定信は、ついに老中に就任することになった。

定信の登場は、幕臣や江戸の庶民から喝采《かっさい》をもって迎えられた。吉宗の孫という血筋により最初から老中首座とされた定信は、寛政《かんせい》改革と呼ばれる政治改革を主導した。それはおおむね成果をあげたが、米価の下落のため旗本財政は窮乏し、厳しい倹約令の影響で商人は不況に苦しんだ。これはバブル景気だった田沼時代と対照的で、次のような有名な狂歌《きょうか》も詠《よ》まれた。

白河の清きに魚も住みかねて元のにごりの田沼こひしき

白河藩主だった定信の政策を風刺したものである。しかし、定信が、江戸時代でも一、二を争う勝《すぐ》れた政治家であったことは確かである。

定信は、老中になると、田安時代からの近習番《きんじゅうばん》の水野為長《ためなが》に、江戸城内や江戸市中での幕府役人、旗本、町人らの発言や話などを集めさせた。それを書き留めた冊子が、『よしの冊子《さつし》』という題名でまとめられた書物である。この書物には、当時の役人の生態が赤裸々に書かれている。これほどの情報が権力者の手元に集められていたのかと思うと背筋が寒くなるが、それだけにたいへんおもしろく希《け》有《う》な記録となっている。

この書物にある文章を紹介しながら、定信自身の評判、老中たちの行動や評判、若年《わかどし》寄《より》や寺社奉行といった譜《ふ》代《だい》大名たち、町《まち》奉行、勘定《かんじよう》奉行、火付盗賊改《ひつけとうぞくあらため》などの幕府要職を勤めた旗本たちの行動や評判を書いていきたいと思う。

幕府と言えば権力、老中や町奉行は権力者というような固定的な見方では、実際の政治はわからない。役人たちそれぞれの個性を明らかにすることによって、幕府政治のあり方が見えてくる。

本書では、この史料のおもしろさを知っていただくため、史料の引用を比較的多くした。そうしないと、作り話ではないかと思われそうだからである。それほど『よしの冊子』の記述はおもしろい。役人たちの言葉遣いなどを引用することによって、当時の雰囲気がかなり再現できたと思う。

史料の引用は、読者の便宜を考慮して書き下し文とし、読みにくいところには極力ふりがなを入れ、一部漢字やカタカナをひらがなに改めた。また、引用した史料には現代語訳を付けたので、それを参考にしながら味読していただきたいと思う。

目次

第一章　政権交代——松平定信と田沼意次

天明七年（一七八七）六月十九日、老中首座《ろうじゅうしゅざ》となった白河藩主松平定信《まつだいらさだのぶ》は、三十歳の若さだった。将軍家斉《いえなり》は、まだ十五歳である。これは数えの年齢だから、現在で言えば中学二年生ぐらい。判断力はついているが、政治を行うにはまだ若すぎる。このため、定信は将軍後見をも命じられ、ほぼ全権を掌握して政治改革に邁進《まいしん》した。

一　吉宗の血をひく貴公子――松平定信

まず改めるべきは、田沼時代の賄賂《わいろ》万能の風潮である。老中になった定信は、範を示すため、賄賂はもちろん、諸大名家からの通常の進物《しんもつ》も受納しなかった。次の記述に見られるように、ほかの老中もそれにならわざるを得ず、表向きは賄賂を取ることを控えるようになった。

是迄《これまで》御老中方御月番《おつきばん》時には、諸家より進物これ有る事也、とんと此節《このせつ》相止め候へ共《そうらえども》、鳥井《(居)》侯（忠意《ただおき》）計《ばかり》は少しヅ、贈る御方も有り候へども、只《ただ》時候見舞いと申す趣にて受け取り候《そうろう》よし。

――これまで御老中方が御月番のときには、諸大名家から進物があった。今はまったくやめてしまったけれども、鳥居侯にだけは少しずつは贈る御方もありますが、ただ時候の見舞いということで受け取っているということです。

老中の職務は、将軍への奉公であるから、職務にかかる経費は自藩からの持ち出しである。これは、軍役《ぐんやく》が与えられた知行《ちぎょう》に対する奉公であるのと同じであるが、それを実直に実行すると、次のような状況に陥ることになった。

越中《えっちゅう》（定信）様、御老中に成《なら》せられ候へども、賄賂を御取り成されず候に付き、月々御物入《おんものいり》多く、六月十九日より八月晦日《みそか》迄、御普請向《ごふしんむき》は入用を相除き、貳千《に》三百三十貳両程臨時御物入御座候《ござそうろう》。

――越中様は、御老中におなりになりましたが、賄賂を御取りなされないので、月々の御物入りが多く、六月十九日より八月晦日まで、御普請向きの入用は除いて、二千三百三十二両ほど臨時の出費がありました。

「越中様」というのは、越中守《えっちゅうのかみ》だった定信のことである。西の丸下に屋敷があったことから、「西下《せいか》」とも言われる。

定信が老中を勤めはじめると、わずか二カ月半足らずの間に二千三百三十二両もの経費がかかったという。現在のお金にすると、四億六千六百万円（金一両を二十万円として換算）という巨大な額である。普通なら進物や賄賂でカバーできたのだろうが、定信はそういうものを一切受け取らなかったので、純粋な赤字となったのである。

これには、国元でも驚き、大騒動になった。

右に付き、江戸勘定奉行より白河勘定奉行へ申し遣《つかわ》し候処《ところ》、大《おお》いに肝を潰《つぶ》し、御老中仰せ付けられ候へば、何と申し候《そうらい》てもちとは御金も入り申すべき事、この様《よう》に御物

入御座候は不審千万、是《これ》は定《さだめ》て公辺向《こうへんむき》に懸《かか》り候役人の私欲有るべく（後略）

——このため、白河藩の江戸勘定奉行から国元の勘定奉行へ申し遣わしたところ、大いに驚き、御老中を命じられたならば、何と言っても少しは御金も入るはずで、この様に出費が多いのは不審千万、これはおそらく幕府関係を担当する役人の不正があるはずだ（後略）

多大な物入りは「公辺向に懸り候役人」の不正があるせいに違いないと考えた筆頭国《くに》家老《がろう》の吉村又右衛門《よしむらまたえもん》を始め、年寄《としより》または諸役人が城で会議をした。そして、とにかく怪しいことだと、吉村から定信に直接訴状を差し上げた。

定信は、国元役人が疑うのももっともだと、九月上旬に郡代《ぐんだい》を一人白河から呼び、十二月中旬まで江戸勤番《きんばん》を命じた。定信は、国元の疑いを晴らすため江戸に国元の役人を呼び、実際に幕府関係役人の監査にあたらせたのである。

すると、役人や勘定方に一切不正はなく、出費がかさむ要因は、「日々御登城或いは御名代《みょうだい》、その外《ほか》何に付き候ても御物入多く、御対客、御登城前の御客出入りに付き、御物入の多き」というものであった。

老中としての威儀を正しての登城、将軍の名代としての任務、そのほか何をするにもお金がかかり、その上、老中の屋敷には登城前に多くの客がきて陳情するが、その応接費もばかにならないことがわかったのである。

十一万石の白河藩でこうなのだから、三万石程度の大名ではとうてい勤められない。それまでの老中が進物や賄賂を受け取っていたのは、必要悪という側面があった。

定信の厳しい姿勢にもかかわらず、鳥居などはまだこっそりと賄賂を受け取っているという噂が流れている。しかし、それは通常の進物として受け取れるぐらいのもので、幕府の各役職が賄賂で決まるようなことはなくなった。

幕府の組織で、老中の秘書役となる奥右筆《おくゆうひつ》という役職がある。現在で言えば、官房長のような職務を勤めた者たちだが、彼らは定信のことを次のように評判している。

御祐筆《ごゆうひつ》方打ち寄り候節の咄《はなし》に、西下の様に御奉公御出精《ごしゅつせい》の御方と申すは、近年絶《たえ》てこれ有るまじく、その上御宿《おしゅく》へ御帰り後も何一つ御たのしみと申すはこれ無きよし。

しかしながらそれだけ江戸中を初め御評判宜しき故《ゆえ》、御張り合いもこれ有り、何を御取り成されずとも、何をお食事成されずとも、御楽しみは限りなく候半《そうらわん》。

——御右筆方が寄り合ったときの会話によると、定信様のように、御奉公に御出精の御方は、近年絶えてなかった。その上、帰宅されても何一つ御楽しみということはないそうだ。しかしながら、それだけ江戸中をはじめとして評判がいいから、御張り合いもあり、賄賂をとらずとも、美食をしなくても、御楽しみはいくらでもあるだろう。

原文では「御祐筆」とあるが、普通は「右筆」と書くので、本文では「右筆」とする。幕府の右筆には表《おもて》右筆と奥右筆とがあり、表右筆が幕府の日記や将軍の儀礼的な文書を執筆するだけなのに対し、奥右筆は老中の秘書官として、老中奉書《ほうしょ》を作成するだけではなく、老中の諮問に与《あずか》り、各種の調査などを行う。

この話を見ると、定信はたいへん高く評価されている。しかし、奥右筆たちにとっては、あまりありがたい上司ではなかった。

奥右筆は家禄《かろく》が少なく、役格もそれほど高くないが、幕府の慣行を熟知し、政治の中枢に関与していた。政策決定も、実際には奥右筆の考えがそのまま採用されることが多かった。しかし定信は、彼らを「物書《ものかき》」と呼び、「あまり心外」だと抗議した右筆に対し、「此方共《このほうども》（老中）が申し渡したことを認《したた》めるのが手前共《てまえども》の職分」であると決めつけた。

こうした事件もあって、奥右筆たちは次のように愚痴《ぐち》っていた。

昔より御用は多く相成《あいな》り、朝から晩まで勤めぬいても、今は御政事にもかゝらぬ様に聞《きこ》え候間《あいだ》、人も用ひ《ママ》もあしく、何もくれもせず、そのくせ御用多くて遊山《ゆさん》には出かね、たまく出ても石部金吉《いしべきんきち》で面白くもなし。誠に縁の下の力持《ちからもち》とはこの事だ。

――昔より仕事は増え、朝から晩まで勤めぬいても、今は政治にはかかわらないように言われ、人の使い方も悪く、何もくれず、そのくせ仕事は多くて遊山にも行けず、たまに行っても石部金吉（堅物な人）でおもしろくもない。本当に、縁の下の力持ちとはこのことだ。

人使いが荒いのは仕方がないとして、「何もくれず」というのがおもしろい。それまでの老中は、奥右筆にいろいろと物をやって、彼らが職務に励むよう機嫌をとっていたのだろう。老中としての働きは、彼らの働きにかかっていたからである。

しかし、定信ほどの権威を持つと、何ももらえなくても、その権威に屈して仕方なく働かざるを得ない。遊山に行くこともできないというのはその通りだっただろう。

定信が老中首座となったとき、その上に大老井伊直幸がいた。本来は、定信の上司となるのだが、井伊も次のような有様だった。

越中様、御役仰せを蒙《こうむ》り候節、御城御廊下にて掃部頭《かもんのかみ》殿（井伊直幸）に御逢《おあい》、御大老の勤め方を段々御聞き成され候所、大に御困りにて、赤面大汗を流し、初めは膝の上に手を置《おか》れ候が、後には畳の上に手をつかれ、只ハイ〳〵とばかり申され候よし。

——越中様が御役を命じられたとき、御城の御廊下で井伊直幸殿に出会われ、御大老の勤め方をいろいろと御聞きなさったところ、井伊殿は大いに御困りになり、赤面して大汗を流し、初めは膝《ひざ》の上に手を置かれていたが、後には畳の上に手をつかれ、ただ「ハイハイ」とばかり答えていたということです。

定信に大老の職務を聞かれた井伊が、何も答えられず、そのうち畳の上に手をついて「はいはい」とばかり言っていたというのである。その大汗は、城から退出し、大手門のあたりまで乾かなかったというのだが、これは「虚説か」と書かれており、真偽ははかりがたいが、「御大老よりは御威勢強く」と思われていたのは事実である。

井伊が大老になったのは、天明四年十一月二十八日である。権力に陰りが見えた田沼が、政権を支えるため、大老の家柄である譜代大名随一の井伊家に恩を売ったのである。

しかし、井伊には政治を行うだけの器量はなく、飾り物にすぎなかった。そのため、定信が老中首座になると、その座に座りつづけることも困難になった。天明七年九月十一日、井伊は、大老職辞職の願いを聞き届けられ、退任することになった。

大奥に対しても、定信は厳しい態度をとった。

姫君様へ御逢ひ遊ばされ、久々の事故《ゆえ》色々御咄在《あら》せられ、御一ト間の間に老女大崎詰め居り、何か申し上げたそふな顔色にて候へども、差し控え居り候所、越中様大崎の方御覧遊ばされ、是は久々にて逢ひ候が別条もないかと、御家来同様の御挨拶に候所、大崎はっと御請け申し上げ、平伏いたし候。その儘《まま》何も申し上げず打ち過ぎ候が、きつい御威勢と申し唱へ候よし。

——姫君様へ御会いになり、久しぶりのことなのでいろいろ御話がありました。その部屋に、老女の大崎も詰めていて、何か申し上げたそうな顔色でしたが、差し控えていたところ、定信様が大崎の方を御覧になり、「これは久々にて会ったが、別条もないか」と、御家来に対するのと同じような言葉をかけ、大崎は「はっ」とお答え申し上げ、平伏しました。大崎は、そのまま何も申し上げないままでしたが、周囲ではきつい御威勢だと言い合ったということです。

「姫君様」とは、将軍家治の養女となって江戸城大奥に暮らしていた田安宗武の娘種姫《たねひめ》のことである。定信とは、母も同じ妹である。定信が老中になり、挨拶に行ったのだろう。定信は田安家出身だから、幼い頃から大奥に出入りしていた。

その場で、将軍さえも気を遣う老女（大奥御年寄）の大崎に対し、家来に対するのと同様の言い方をしたというのである。それまで田沼など老中から随分気を遣われていた大崎も、驚き、また屈辱を感じたことだろう。

そのためか、海保青陵《かいほせいりょう》の『経済話』では、次のような話になっている。

大崎は、大奥御年寄の筆頭で、長く大奥に勤めていたから、まだ田安家にいた定信が大奥にきたとき、抱いたこともあった。そのため、大崎は、定信に次のように語りかけた。原文はカタカナだが、ひらがなに直して引用しよう。

「今日は結構に仰せを蒙られ、恐悦なり。扨《さて》さて大きうならせられたること也。以来は御同役のことゆへ、奥の儀は申し合わせて勤め申すことにて候」

ところが定信は、大いに怒り、大声で大崎を叱責《しっせき》した。

「大崎には不届きなることを申す。老中に向ひ同役とは何事ぞ。大奥には老中なし。その方は老女なり。座高し。下りませい」

これには大崎も怒って、言い返した。

「大崎は、主殿頭《とのものかみ》（田沼意次）殿奥勤め御兼帯の節より、表の同役と申し相勤め来たれり。只今左様にはしたなう御あしらひ有りては、相勤め難し。唯今御暇《おいとま》下さるべし」

しかし定信は引かず、こう言い渡した。

「その方望みの通り、只今御暇下さる。勝手次第に御本丸引き取るべし」

これには大奥女中も身の毛がよだつほど恐れ、大崎もその場からすぐに引き取ったという。

しかし、これは話が出来すぎている。世間ではこのような噂もあったのだろうが、大奥の人事はそれこそ将軍の専決事項であり、定信が即座に大崎を辞めさせることなどできない。『よしの冊子』に書かれるように、定信が大崎に家来同様の言葉を投げかけた、というのが真相に近いのではないだろうか。大崎は、定信が老中になると大奥を退いたから、大奥でも定信を牽制《けんせい》できる者はいなくなった。

定信がこうしたことをできたのも、将軍の家族扱いである田安家出身であるということが大きかった。普通の老中では、大奥の年寄に対してこのような威圧的な行動はとうていとれなかっただろう。

大奥では、大名を呼び捨てにした。老中でもせいぜい「殿」付きで呼ぶのが一般的だったのにである。加賀《かが》百万石の前田《まえだ》家に嫁いだ家斉の娘溶姫《ようひめ》は、大奥から付いてきた女中たちが加賀藩主を「加賀守」と呼び捨てにするのを聞いて驚き、「それは身が（私の）殿のことを申すのか」と言ったという。

ところが定信に対しては、「越中様、越中様」と言うようになった。このため、同役の老中までがつい「越中様」と呼んでしまうこともあったという。御三卿当主なら「越中様」もわかるが、老中に対しては言い過ぎである。

定信の政治姿勢は、いわば「政治主導」であった。それまでの老中は、幕府の官僚組織である奥右筆に頼って政治を行っていたが、定信はあくまで自分の考えにこだわった。勘定奉行所の人事も老中が決めるようになり、勘定奉行の一存では御勘定の人選もできなくなった。これは、「いっそ勘定奉行にお任せになれば、めったなことはするまい」と批判されている。

定信の政策は、厳しく賄賂や進物を戒め、町芸者を禁じ、町方に倹約を強制するというものだったので、江戸の景気は一気に悪くなった。特に、進物などを商う商人は難儀したという。

この頃、江戸城では、「学問は西下《せいか》（定信）、経済は本多侯がよい」という評判もあった。儒学的な教養を背景に厳しい政治を行う定信に対し、経済政策では本多忠籌《ほんだただかず》だというのである。しかし、本多は、確かに経済にはくわしかったが、細かすぎる性格で、倹約に努めたから、景気回復など望むべくもなかった。

定信は、屋敷へ帰っても政治のことばかり考え、気が休まる暇がない。たまに下屋敷へ行っても、保養しているわけでもない。

勘定奉行根岸鎮衛《ねぎしやすもり》は、定信について、「人は一張一弛が御座なく候ては続き申さざる物なるに、西下は張りばかりにて、弛《ゆる》みといふ事があらせられぬ」と言っている。このままでは気根《きこん》が続かないだろうから、少しはゆったりとして末永く政権を担当してほしい、というのが根岸の気持ちだった。

根岸は、御成りの御供でもなさったほうがいいのではと、側用人《そばようにん》の本多忠籌に進言した。もっともだと思った本多がその旨家斉に言上したところ、家斉も大賛成で、「此方も越中をどふぞ連れてゐて水馬《すいば》でも見せたいと思ふた。よく其方も心付いた。早速申し達し候様に」と命じたという。

家斉も、定信の働きぶりは心配していたのだが、老中を御供に命じることはあまり例がなく、遠慮していたのである。

現在に置き換えて見れば、一国の宰相なのだから、定信の働きがそれほどのものというわけではない。そのくらい働いても当然である。しかし、江戸時代では、これは特別だった。逆に言えば、それだけ世の中がのんびりしていたのである。

それまでの老中は、朝は対客で忙しく、午前中は登城して政務を行うが、午後になると御城を退出し、オフを楽しんでいた。それでよかったのである。しかし、そうした生活に慣れている身からすれば、定信の働きぶりは異常だった。老中たちが、定信に膝を屈することになったのもやむを得ない成り行きだったのである。

二　地に落ちた権力者――田沼意次

天明七年（一七八七）閏《うるう》十月五日、田沼意次《たぬまおきつぐ》は、加増された領地のうち二万石と江戸屋敷、さらに大坂の蔵屋敷を収公《しゅうこう》され、出仕を止められた。『寛政重修諸家譜《かんせいちょうしゅうしょかふ》』には「思し召す旨ありて」としか書いていないが、老中在職中の賄賂などが定信によって問題にされたものだろう。『よしの冊子』では、次のように書かれている。

田沼主殿頭《とのものかみ》（意次）、この度《たび》の仰せ付けられ、当日も人々存じ申さず、跡にて承り、武家はもちろん町家〳〵まで殊の外欽《よろこ》び、さも有るべき事と、みな〳〵喜び候。就中《なかんずく》にくみたる者は、この二日に仰せ付けられたるも遅きほどの事と言《いい》しよし。

――田沼主殿頭、この度の仰せ付けられ、当日も人々は知らず、あとで聞いて、武家はもちろん町家の者まで大変よろこび、そうあるべき事だと誰もが喜んでいます。とりわけ憎んでいた者は、この二日に仰せ付けられたのも遅いぐらいだと言ったということです。

老中を退いたとはいえ、雁間詰《がんのまづ》めの大名として五万七千石のままでいた田沼の没落は、幕臣だけでなく町人までが喜んだというのである。定信人気と対照的に、田沼の悪評はひどいものだった。しかし、田沼は、それほど憎まれなければならない政治家だったのだろうか。

田沼意次は、九代将軍家重《いえしげ》の小姓《こしょう》から勤務を始め、側衆《そばしゅう》に昇進し、一万石の大名になった。十代将軍家治のもとでも重用され、側用人に進み、安永元年（一七七二）正月にはついに老中になった。意次五十四歳のときである。

家重・家治二代の将軍に仕えて立身したのだから、将軍からの評価は高い。たとえば家重は、「主殿《とのも》はまたうとのものなり」と言い、これからも心を添えて召しつかうように、と遺言した。「またうと」とは、「真人（またうど）」すなわち正直者である、ということである。将軍に対し、実直に勤めてきたのだろう。

また、上司で家重の側用人として権勢をふるった大岡忠光《おおおかただみつ》は、意次のことを「発明には候へども」と評している。意次が智恵者だということは誰もが認めていたのである。その上に実直に勤めてきたのだから、将軍が重用したのもわかる。

また意次は、老中として権力を握ってからも、決して権勢を誇ったり、周囲を軽く見るような態度はとらなかった。

京都町奉行所与力《よりき》の神沢杜口《かんざわとこう》は、意次について、「表面的にはたいへん人と和し、諸大名家へは特に親しく交際し、自分の登用はへりくだり、自家の奉公人ら身分の低い者へも親しく声をかけ、いささか権勢に誇った様子はなかった」（『翁草』巻之百十）と書いている。

意次の前途は開けていたから、諸大名は、我先にと田沼家との縁組を望み、多くの親類ができた。女子二人は遠江《とおとうみ》横須賀藩主西尾忠移《にしおただゆき》と越後《えちご》与板《よいた》藩主井伊直朗《いいなおあきら》に嫁ぎ、二男以下は側衆水野忠友《みずのただとも》、伊勢《いせ》菰野《こもの》藩主土方雄年《ひじかたかつなが》、丹波《たんば》綾部《あやべ》藩主九鬼隆貞《くきたかさだ》の養子となった。

いずれも中小藩で、意次は権門というほどの大名家と縁組しているわけではない。望まれて二男以下を養子に出したのだから、何の問題もないはずである。

しかし、嗣子のなかった土井大炊頭《どいおおいのかみ》は、成り上がりの田沼家から養子をとることを嫌ったため、なんとなく立場が悪くなり、老中にもなるべきところ京都所司代《しょしだい》在役中に没したと噂されている。また老中秋元但馬守《あきもとたじまのかみ》は、意次の考えを咎《とが》めたため、ほどなく御役御免となり、城地も替えられたという。

京都所司代在役中に没した土井大炊頭とは、安永六年八月十四日に没した下総古河《しもうさこが》藩主土井利里《としさと》である。利里の京都所司代就任は明和六年（一七六九）八月十八日で、安永六年まで八年も在職している。土井家の家格から言って、確かにもっと早く老中になってもよさそうなものだが、その時期老中は五人いて、定員いっぱいの状態だった。それに利里が没したのは田沼のせいではない。

秋元但馬守は武蔵川越《むさしかわごえ》藩主秋元涼朝《すけとも》だが、彼は宝暦十年（一七六〇）四月朔日《ついたち》から老中を勤めており、明和元年二月二日には病気を理由に辞職を申し出て赦《ゆる》されず、二十四日に再び辞職を申し出て、ようやく老中を退いている。これは、田沼が老中になる前のことである。

つまり、意次の評判の多くは事実無根のことで、単なる噂にすぎない。意次失脚後、悪いことは何でも田沼のせいにされたのだろう。

意次は、成り上がり者が威をふるうと反発されることを知っており、実際には行動を慎んでいた。それは、子孫に与えた遺訓の中で、「親戚《しんせき》や席を同じくする大名と表裏なく親密に交際し、家格の低い大名とも同じように接するべきだ」と書いていることからも推測できる。

また、「家来に対してもできるだけ情けをかけ、依怙《えこ》贔屓《ひいき》のないように召しつかうように」とも命じている。実際、意次は、老中を辞任したあと、知行を大幅に削減されたとき、暇を与えざるを得なくなった家臣たちに、過分の分配金を渡している。これも神沢杜口によれば、「不直より出たる拵事《こしらえごと》」として意次の腹黒さだとしているが、なかなかできることではなく、意次のせめてもの思いやりだったと考えられる。

このように、意次の個々の行動を見ると、気配りのある好人物だった。しかし、嫡子で若年寄《わかどしより》を勤める意知《おきとも》が、旗本佐野《さの》善左衛門《ぜんざえもん》に城中で斬殺されたとき、庶民は加害者である善左衛門に喝采《かっさい》を送っている。賄賂政治の横行の中で、首尾よく立身を遂げた者や開放的な経済政策にうまく乗った町人らは羽振りがよかったが、不遇になる者も多く、その恨みが向けられたものだろう。

悪評高い田沼の賄賂だが、必ずしも田沼が賄賂を催促したわけではない。次のようなことも言われている。定信との対比がおもしろいので、引用しよう。

越中様は御勘定所や御作事などへ御用仰せ付けられ候と、怪《け》しからず御急ぎなさると見えて、どふも世話しなくてならぬと小役人も申し候由《よし》。是は大《だい》ナル了簡《りようけん》違ひのよし。皆奉行が働いて、早く〳〵と我勝《われがち》に精を出し候故、支配下を相せつき申し候に付き、支配下ではやっぱり越中様が御せつき成さると計《ばかり》相心得候よし。丁度世上の人へ田沼が金銀をよこせ〳〵と言《いわ》ざれ共、みんな此方から金銀を持《もち》はこんで、田沼がとる〳〵といふ様なもので、越中様は何共おっしゃらぬに、此方で急いでおいて越中様がおいそぎだ〳〵とみんないふが、こまったものだと申し候よし。

――越中様が御勘定所や御作事などへ御用を命じられると、おそろしく御急ぎなさるようで、どうも忙《せわ》しなくてならぬと、小役人も言っているということ。これは、大きな了簡違いだ。それはみな奉行が、それぞれ精を出して早く早くと支配下をせっつくので、支配下ではやはり越中様がせっついていると思っているようだ。ちょうど田沼が世間の人に金銀をよこせとは言っていないのに、世間の人がみんな自分から金銀を持って行っておいて、田沼が取る取るというようなもので、越中様は何ともおっしゃらないのに、自分で急いでおいて越中様がお急ぎだとみんな言うのだが、困ったものだ、と言っているということです。

この言葉は、田沼時代を知っている同時代人の証言だけに信憑性《しんぴょう》がある。田沼は別に賄賂を要求したわけではないのである。

田沼自身も相応の金品は受け取っていたはずだが、当時はほかの老中をはじめとして、役人たちがみな賄賂を取っていた時代である。問題は、賄賂を出すほうにもあった。自分が出世したいからといって関係諸方面へ賄賂を持っていきながら、田沼が賄賂を取る、とみんな言っていたというのが田沼時代の風潮だった。

もちろん、そうした風潮を野放しにしていた田沼の政治責任は逃れられないが、田沼は、その時代の悪い事すべての責任をかぶせられたのである。

田沼は、定信が老中になったあと、領地を大幅に削減されるなど見る影もないほど没落とした。しかも意次が没したとき、城中で番衆《ばんしゅう》（城中を警備する旗本）が集まっていたとき、次のような会話がなされたという。

先日御城内にて、田沼が死《しな》れたそふなと御番衆ならびゐて申され候へば、外に二、三人口を揃えて、左様サ、ナニ田沼が事を死れたと仰せられずとようござる。田沼はくたばったといふがようござる。天下の極悪人で、今に田沼のした事が残りて世上がわるい。しかしながら此御時節《おじせつ》でも、一万石取りてすみましたと申し候よし。

――先日、御城内で、「田沼が死なれたそうな」と、ある番衆が同僚が並んでいる席で言うと、その場にいた二、三人が口を揃えて、「そうだな、なに田沼の事を、死なれたと仰せられなくてもよろしい。田沼はくたばったと言うのがよろしい。天下の極悪人で、今でも田沼がした事が残って世の中が悪い。しかしながら奇妙に運はよい人だ。今でも一万石の大名で済んでいます」と言ったということです。

意次が老中だった頃は、誰もが意次に連なる人を頼んで昇進しようとしていたが、権力を失うと、手の平を返すような言われ方がなされたのである。

当時、流布した「田沼罪案」という幕府の申し渡しの形をとった文書には、意次が、嫡子の意知を失ったあとも、嘆いたり慎んだりすることもなく、平気で勤めていることは言語を絶した振る舞いで、人情にたがう、という悪口が書かれている。

実際には、意次は息子の死を深く嘆いていた。おそらく悲しみを胸に秘め、努めて平静をよそおって勤めを続けていたのだろうが、悪意のある者はそう評したのである。

意次が老中の頃から批判的だったのならわかるが、失脚したあとに叩《たた》くのは卑怯《ひきょう》である。しかし、破格の出世を遂げただけに周囲の嫉妬《しっと》は強く、権力の座から落ちたときの世間の風は冷たかったのである。

第二章　老中たちの評判

松平定信《まつだいらさだのぶ》が老中《ろうじゅう》になった天明七年（一七八七）六月十九日、老中は松平康福《やすよし》、鳥居忠《とりいただ》意《おき》、牧野貞長《まきのさだなが》、水野忠友《みずのただとも》、阿部正倫《あべまさとも》の五人で、御側《おそば》から老中になった水野は奥兼帯だった。

松平定信が老中になり、いきなり首座《しゅざ》に任命されたため、これらの老中は、みな首が危なくなった。生き残った者と失脚した者は、どこが違ったのだろうか。

一　賄賂で老中になった名門大名――阿部正倫

阿部正倫が寺社奉行《じしゃぶぎょう》から老中に昇進したのは天明七年三月七日、田沼政権の最末期のことである。

阿部は、備後《びんご》福山藩十万石の藩主で、譜代大名中の名門だった。初代正次《まさつぐ》は、家康《いえやす》・

秀忠《ひでただ》・家光《いえみつ》の三代の将軍に仕え、大坂城代《じょうだい》を勤めた江戸幕府確立期の功労者である。

二代重次《しげつぐ》は、家光の代に老中となり、家光に殉死した。その後、しばらく幕府の役職を勤める当主は出ないが、六代正福《まさとみ》が大坂城代を勤め、七代正右《まさすけ》が寺社奉行から老中に昇進した。正倫は、正右の三男だが、兄二人が夭逝《ようせい》したため嫡子となり、明和六年（一七六九）八月、遺領を継いだ。

安永三年（一七七四）二月、二十九歳で、幕府役職の登竜門である奏者番《そうしゃばん》となり、同六年九月に寺社奉行見習い、同八年四月には寺社奉行となった。

寺社奉行は定員四人で、奏者番の上位者が兼任することになっていた。わずか三年で寺社奉行見習いに抜擢《ばってき》されたことは、正倫がエリートコースを歩んでいたことを示している。十万石の領地を持つ譜代大名の名門だったことに加え、父正右が老中を勤めていたためであろう。

正倫は、名門だけに老中になりたくて仕方がなかったようだ。父は、寺社奉行在任六年で老中になったが、正倫は、寺社奉行在任六年を超えても昇進の沙汰《さた》がなかった。当時の将軍は十代家治《いえはる》、老中田沼意次《おきつぐ》が全盛を誇っていたいわゆる田沼時代である。

この時代なら、賄賂《わいろ》さえ積めば、老中になることも夢ではない。正倫は、田沼にしきりに工作し、天明七年（一七八七）三月七日、寺社奉行在任八年目にして老中に昇進した。四十二歳だった。

この人事は、意次が老中を罷免されたあとを受けてのもので、当時の老中には松平康福・水野忠友らの田沼派が残っていた。

ところが、同年六月、松平定信が老中首座となると、賄賂で老中となった正倫の立場は弱い。翌年二月、老中になって一年もたたないうちに、老中を辞すことになった。

正倫の老中辞任の理由は、さまざまに噂されている。

たとえば、寺社奉行在任中、御部屋様（家治の側室）が信仰していたある法華《ほっけ》宗の住職を身延山《みのぶさん》の住職にしようとした。しかし、身延山の住職を出す谷中《やなか》の瑞林寺《ずいりんじ》が合点せず、正倫に抗議した。正倫は、「公儀から仰せ出されたことを、どうしてそのように言うのか」と叱ったが、瑞林寺はなお承知しない。これがそのままになっていたのを定信に問い詰められ、正倫は返事に窮した、という。

あるいは三浦庄二《みうらしょうじ》という者から老中への工作費一万両を借り、庄二の家来を一人召し抱え、勝手（財政方）役人に取り立てた。しかし意次が失脚したため、その家来には暇を出し、金も返却しなかった。これが表沙汰になって問題になった、ともいう。

しかし、この程度のことでは、なにも老中を退くこともなかっただろう。一番問題だったのは、阿部と定信の仲が悪かったということである。天明八年初頭には、阿部の衣服をめぐって、城中で次のようなことがあった。

阿勢《あせい》（阿部伊勢守正倫）侯、先日上下《かみしも》その外《ほか》着服立派に支度致され登城候《そうろう》に付き、越中様仰せられ候は、御時節柄アマリ結構成ル御着服と仰せられ候《そうら》へば、左様には候へども、拙者義も拾万石知行《ちぎょう》取り候へば、此位《このくらい》の着服は苦しからず、御構下されず候様にと御申し候に付き、夫《それ》より彼是《かれこれ》御申し合わせ成され、とふく阿勢侯引っ込みに成り候よし。

——阿部侯は、先日上下など立派な衣服で登城なされたので、定信様が、「御時節柄、あまりに結構な御着服」と咎《とが》めたところ、「そうではありますが、私も十万石の大名なので、このくらいの衣服は何でもありません。ほっといてください」と言ったので、二人はあれこれ言い合い、とうとう阿部侯が引退することになったということです。

定信が、老中になって専心したのは、贅沢《ぜいたく》を戒めることで、厳しい倹約令を出した。それにもかかわらず阿部は、贅沢な衣服で登城した。定信から「奢《おご》りが過ぎる」と暗に注意された阿部は言い返し、城中で口論になったのである。幕閣の頂点にある二人が、登城した衣服をめぐって口論している姿を想像すると何となくおかしいが、定信は大まじめであった。

正倫が、老中を退いたあと、江戸城中では次のように評判された。

阿勢侯この度《たび》引っ込み申され候は、家中にて諷諫《ふうかん》いたし候もの御《ご》ざ候由《よし》。右は御老中に成り申され度《たき》とて、金子《きんす》一万両も賄賂に遣ひ申され候由。たとへ一、二万両遣ひ候とも、先達の如くナラバ随分取りかへしも相成るべく候へども、当時の御風儀にては決して左様の事は相成《あいな》り申さず候。然る時は一万両もむだに相成り候事《こと》、殊に御老中も末席にて何もさへ候事もこれなく候へば、御引っ込み成され候方宜《よろ》しく候と諷諫致し候もの御座候《ござそうろう》に付き、引っ込み申され候由。

——阿部侯が今度引退されたのは、家中で諫《いさ》めた者がいたということ。阿部侯は、老中になりたいからと金子一万両も賄賂にお使いなさったということ。たとえ、一、二万両使っても、以前ならいくらでも取り返すこともできたでしょうが、今の風儀では決してそのようなことはできません。それなら、一万両も無駄になり、また老中も末席で何もさえたこともないので、御引っ込みになられたほうが宜しいのでは、と諫言する者がいて、辞職なさったらしい。

賄賂を決して許さない定信が老中首座になったことによって、老中になる旨《うま》みもなくなった、ということである。ただし、正倫が老中になりたかったのは名門ゆえの名誉心からで、一万両を取り返そうとしたわけではなかっただろう。

これはあくまで噂だから、阿部が家臣の諫言によって退いたとも思えない。むしろ、老中になるために一万両も使った、という記事が興味深い。そして田沼時代なら、老中になればそれだけ使っても、「随分取りかへしも相成るべく」という状況だったのである。より真実味があるのは、阿部の領地備後福山で、前年夏、百姓一揆《いっき》があったから、というものである。福山藩領で年貢二割増しと命じたところ、領地が入り組んでいる広島藩領でも年貢二割増しとされた。すると広島藩領で騒動が起こり、それが福山藩領に飛び火したのである。

年貢二割増しというのも、阿部が老中になるためにお金が必要だったからだろう。ただし、この年貢増徴を行った郡代の弁助《べんすけ》というのが悪人で、一万両ほども着服していた（「金子一万両計も私欲御ざ候由」）という。藩主が金集めに執心すれば、家臣もそれに便乗して物を取るのである。

このこともあって、次のような観測もなされた。

阿勢侯在所の百姓共《ども》又々相起こり候に付き、面目なく御引っ込み、御役免願ひ申され候由。

——阿部侯の領地の百姓たちがまた一揆を起こしたので、面目ないと辞職を願ったということです。

これは、いかにもありそうなことである。結局はいろいろな原因が重なって阿部も嫌になったのだろうが、阿部の家臣は、「とかくおらが旦那ハ越中様（松平定信）と中《仲》がワルイ、越中様にあやまらぬから此様ナ事じゃ」と愚痴っていたという。これが意外に真実を語っているのかもしれない。

定信は、生まれのよさから三十歳で老中首座となった。しかし、当時は十一万石の白河藩主にすぎない。阿部家も藩主としては似たようなものだから、先任で四十二歳の正倫としては簡単には頭を下げたくない、という気持ちがある。そのため、折りにふれて対立し、領地での一揆もあり、結局は退かざるを得ないところに追い込まれた、というのが実際のところだったのではないだろうか。

二　温厚、何の害もこれ無く——松平康福

松平康福《まつだいらやすよし》は、石見《いわみ》国浜田《はまだ》藩主で五万四百石の大名である。奏者番から寺社奉行兼任、大坂城代を経て、宝暦十二年（一七六二）十二月九日、老中に昇進した。もう二十五年も老中を勤めていた。

田沼意次よりも先任の老中だが、康福の娘は意次の嫡子意知《おきとも》に嫁いでおり、色分けすれば田沼派老中である。

しかし、定信によると、康福は「温厚、何の害もこれ無く」という人物で、政治については「なげやりの方」だったという（井野辺茂雄『幕末史の研究』）。

定信が老中になると、康福は、登城が定信と同じになったときは自然と後ろへ下がり、十間ほどもあとから付いて行ったという。確かに温厚で、害にはなりそうもない。おそらく、田沼の時代にも、田沼の言うことをそのまま了承していたのだろう。

ただ、いかに老中首座とはいえ、老中の人事は将軍の専決事項である。さしたる落ち

度もないのに、いきなり辞めさせるわけにはいかない。定信は、「今辞めさせると世間はかえって不憫と思うだろうから辞めさせられない」（井野辺、前掲書）と言っている。

天明八年（一七八八）二月、康福は、もう老年であり、その上御用もないので「登城勝手次第、退出勝手次第」と命じられた。世間の観測は、次のようなものだった。

松周防（松平康福）侯、此間《このかん》御退出御勝手次第と仰せ付けられ候に付き、是《これ》も長い事は有るまい、追っ付け御役御免で有《あろ》ふ。その次は水の（野）が御免であろふと申し候よし。

——松周防侯は、最近、御退出は自由と仰せ付けられたので、これも長い事はあるまい、そのうち御役御免であろう、その次は水野が御免であろうと噂されています。

この頃の康福の様子は、次のようなものだった。

周防守（松平康福）殿、御登城御退出勝手次第と仰せ出され候後より、安堵致し申され候由。昼時過ぎに成り候へば、もはや御用も大概《たいがい》相済み候間《あいだ》、御退出御勝手に成されと越中守様仰せられ候へば、周防殿、左様ナラマウ退出致しマセウと、牛蒡《ごぼう》ほどの尾をふって嬉しがられ、こそ〱と退出致され候と申し候サタ。

――周防守殿は、御登城御退出勝手次第と仰せ出されたときから、安堵いたされたということ。昼時過ぎになると、「もはや御用もだいたい済んだので、御退出は御自由になされ」と定信様が仰せられると、康福殿は、「左様ならもう退出致しましょう」と牛蒡ほどの尾をふって喜んで、こそこそと退出なさっていると噂されています。

定信から退出を持ちかけられると、うれしそうに城を出ていたのである。「牛蒡ほどの尾をふって」という表現がおもしろく、その姿が目に浮かぶようである。まったく害がない好人物だったが、老中という重職にふさわしいかといえば疑問符が付く。

四月三日、康福は、職をゆるされ、帝鑑間《ていかんのま》に控席を与えられ、一日と十五日の月次《つきなみ》御礼には黒書院で、五節句には白書院で御目見《おめみ》えするよう仰せられた。これは、長く老中を勤めたことによる恩典だろう。

世間では、「周防殿もとふにああ仰せ付けられそふなものだ。尤《もっと》も自分から引っ込まれたがよさそふな事だ。よく今まで勤めて居られたことだ」と噂した。もっと早くに自分から引退したほうがよかっただろう、というのである。

しかし、老中職を勤めるのは、将軍への奉公だから、自分から辞職願いを出すこともなかったのである。そして、奉公だからこそ、将軍から辞めさせるときは、「ゆるす」というのである。これは、罷免ではない。あくまで相手をねぎらって、職を解くのである。

この後、康福は、寝込むようになった。長年、老中を勤めた疲れが、辞職したことによって一挙に出たのだろう。寛政元年（一七八九）二月八日、康福の病が重いことを聞いて、家斉《いえなり》は上使を遣わして見舞った。康福は危篤の状態で、上使を迎えた日に没した。享年七十一だった。

三　心得違いを反省――水野忠友

水野《みずの》忠友《ただとも》は、田沼派老中の一番手として、阿部正倫や松平康福とともに、定信登場直後から老中罷免をささやかれていた。

水野家の祖は、家康《いえやす》・秀忠《ひでただ》・家光《いえみつ》の三代に仕え、信濃《しなの》国松本《まつもと》藩七万石の藩主となった水野忠清《ただきよ》である。代々帝鑑間に控席を持ち、二代忠職《ただもと》は大坂城代を勤めている。

しかし、忠友の祖父忠恒《ただつね》が、江戸城中で毛利《もうり》師就《もろなり》を傷つけたため、領地を没収された。刃傷《にんじょう》の原因は、「俄《にわか》に狂気し」（『寛政重修諸家譜《かんせいちょうしゅうしょかふ》』）としか記されておらず、何か遺恨があったものか、本当に乱心によるものかはわからない。

水野家は、由緒ある家だったため、忠恒の祖父忠周《ただちか》の弟忠穀《ただよし》が七千石を与えられて名跡を残した。その時は寄合だったが、元文元年（一七三六）正月、定火消となり、十月には書院番頭《ばんがしら》となった。さらに、同四年三月には大番頭に進んだ。

忠友は、父の働きもあり、九歳のとき、将軍世子家治の御伽《おとぎ》となり、十三歳になると小姓《こしょう》になって西の丸に勤めた。その後小姓組番頭格となり、宝暦十年（一七六〇）四月には西の丸御側となり、家治が将軍になると忠友も本丸に移り、御側を勤めた。

明和五年（一七六八）十一月には若年寄《わかどしより》に進み、勝手掛に命じられるとともに、奥の勤めも兼ねるよう命じられた。若年寄昇進だから、加増もあり、一万三千石の大名に復帰した。

ただの若年寄にそれほどの権限はないが、勝手掛であり、かつ奥の勤めも兼ねるということだと話が違い、将軍側近として大きな力をふるうことができる。忠友は、田沼と協力して、田沼時代の政治を支えた。

忠友の宿願は、水野家の再興だったと思われる。そのためには、時の権力者にも迎合し、地位の向上に努めた。男子がいなかったため、娘には田沼意次の四男忠徳《ただのり》を婿《むこ》にして、田沼に取り入った。こうした甲斐《かい》もあって、天明元年（一七八一）九月には老中格、同五年正月には老中にまで上り、五千石の加増を受け、駿河《するが》国沼津《ぬまづ》藩三万石の城主となった。

天明六年八月二十七日、田沼が老中を罷免されると、九月五日には娘を離縁させ、忠徳を田沼の家へ帰した。この豹変《ひょうへん》ぶりはたいしたものである。

しかし、いくら田沼との絶縁を演出しても、田沼派だったという過去は消せない。定信も冷たい目で見ていたし、世間の評判も悪かった。

天明八年三月二十八日、忠友は「老職をゆるされ、雁間席《がんのま》」となった。これは罰則的な「罷免」ではなく、「今後も登城し、羽目間《はめのま》において将軍にご機嫌伺いをし、五節句と月次御礼には西湖間《せいこのま》の広縁で拝謁するように」と仰せを受けている（『寛政重修諸家譜』）。

さらに忠友は、復権への布石も打っていた。家斉の小姓だった岡野知暁《ともあき》の二男を養子とし、娘の婿としたのである。

また、寛政二年（一七九〇）五月頃には、次のように、忠友自身にも復権の噂があった。

水野出羽守（忠友）殿、西丸御老中仰せ付けられそふナとさた仕《つかまつ》り候由。出羽殿西《せい》下《か》（定信）へ登城前に出られ候節、両三度御長咄御座候《おんながばなしござそうらい》て、御勝手向《むき》の事を御聞きなされ候処《ところ》、出羽殿何もかも残らず申し上げられ、自分勤められ候節心得違ひ、賄賂取り候事迄申し上げられ候に付き、西下にて正直ナ細かナ人だと思し召さるに付き、家柄と申し傍《かたがた》、西丸御老中仰せ付けらるべき由。

――水野出羽守殿が西丸御老中を命じられそうだと噂されています。出羽殿が西下を登城前に訪問されたとき、二、三度長話したことがあって、西下が幕府財政の事を御聞きなさったところ、出羽殿は何もかも残らず申し上げられ、「私が勤めていたときは心得違いで」と、賄賂を取ったことまで申し上げられたので、西下は、正直で細かな人だとお思いになり、家柄もいいので西丸御老中を命じられるということです。

定信に対し、自分が賄賂を取っていたことまで残らず話し、反省の意を示したのである。これが心底そう思ってのことだかどうかはわからない。ただ、これには定信も感心し、家斉の世子家慶《いえよし》付きの老中にしようと考えたという。

しかし、家斉に長男竹千代《たけちよ》が誕生したのは寛政四年七月十三日、のちに将軍となる二男敏次郎《としじろう》（のちの家慶）が誕生するのは翌五年五月十四日だから、西の丸老中を命じられるということはありえない。ただ、寛政八年十一月二十九日には、家慶に付属されて本当に西の丸老中に復権しているから、まったくなかった話とも思えない。

彼の婿養子忠成《ただあきら》（岡野知暁の二男）は、のちに老中となり、家斉時代に権勢をふるうことになる。これには、岳父《がくふ》忠友の復権が大きかった。本人は本当に反省していたのかもしれないが、定信が辞職したあとに詠まれた狂歌に次のようなものがある。

水の出て　もとの田沼に　もどりける

水野出羽守をうまく読み込んだ秀逸な一首である。世間は、彼の悪評を忘れてはいなかったのである。

四　真っ先に登用された若手の俊秀――松平信明

こうして、定信が老中になったとき、先任の老中だった五人のうち、一年もたたないうちに、三人までが引退することになった。

先代からの老中が次々と引退する中で、さっそうと登場したのは松平信明《まつだいらのぶあきら》である。三《み》河国《かわ》吉田《よしだ》藩七万石の藩主で、天明四年（一七八四）十月から奏者番を勤めていた。

先祖は三代将軍家光、四代将軍家綱《いえつな》の時代に長く老中を勤めた「智恵伊豆」こと松平信綱《のぶつな》で、曾祖父《そうそふ》の信祝《のぶとき》も八代将軍吉宗の老中を勤めている。

定信が老中になったばかりの頃、信明は次のように評判されている。

松平豆州（信明）、若手にて甚《はなは》だ評判の能《よ》き人ノ由。今度召しの由。御側御用人、又は寺社奉行に仰せ付けらるべきかと申し候サタ。

――松平伊豆守は、若手でたいへん評判のよい人だということ。今度召されたということ。御側御用人か寺社奉行に仰せ付けられるのではと噂されています。

新たに役を命じられるときは、前日に老中から「登城召しの奉書」が来る。そのときは、まだ何の役職になるかわからない。しかし、奉書が来ると、周囲ではさまざまな観測がなされる。奏者番の信明は、側用人か寺社奉行だろうと噂されたのである。

天明八年二月二日、信明は、側用人に任じられた。その二カ月後、水野忠友の罷免を受けて老中に昇進した。二十九歳の若さである。側用人に任じられたのは、老中に任ずる前の試用期間のようなものだった。将軍の側に少し勤めさせることで、老中に適任かどうかを判断しようとしたのだろう。

こうして定信政権は、定信のほか、牧野貞長《さだなが》、鳥居忠意《ただおき》、松平信明の四人の老中で本格的に始動することになる。

牧野貞長は、常陸《ひたち》国笠間《かさま》藩八万石の大名で、天明四年五月十一日、京都所司代《しょしだい》から老中に昇進している。これは順当な人事で、必ずしも田沼派というわけではなかった。天明七年には五十七歳と経験豊富で、十二月四日に御勝手掛を命じられている。定信も、まず彼を頼りにせざるを得なかったのだろう。

鳥居忠意は、下野《しもつけ》国壬生《みぶ》藩三万石の大名で、天明元年九月十八日、西の丸老中となり、同六年閏《うるう》十月一日、家斉が将軍となって本丸に入ると、家斉に付いて老中となった。鳥居は西の丸老中だったから、家斉が将軍になればそれについて老中となり、家斉を支えるべき存在だった。ただ、天明七年にはもう七十二歳と高齢である。

こうした人事を見て、世間では次のように評判した。

牧野殿は御勝手懸りにもなられたから、その様に案ずる事もされまいが、しかしながら心にはおれも油断ハナラヌト思ハル、デアロフ。鳥居は毒にも薬にもナラヌ人で、本ンの役タ、ズだが、マア咎もない人だけれども、自分にはさぞどふなるかと案じて、日々ノ登城を先ヅ首尾能《よ》く、けふも登城をスル〳〵と思《おもう》て御座ろふ。

――牧野殿は御勝手掛にもなられたから、その様に案じてもないだろうが、しかし心中ではおれも油断はならぬと思われているだろう。鳥居は毒にも薬にもならない人で、まったくの役立たずだが、まあ咎もない人だけれど、自分ではさぞどうなるかと案じて、まずは日々の仕事を首尾よく勤めようと決意し、毎日の登城には今日も大過なく過ごせるようにと思っているだろう。

牧野は、田沼時代から老中を勤めていただけに、どうしても田沼派と見られ、居心地が悪かったようである。牧野も辞任しそうなものだ、という評判もあった。高齢の鳥居は「本ンの役タ、ズ」と切り捨てられている。また、鳥居は「不勝手（藩財政の窮乏）」のため引っ込みそうだ、とも言われている。

天明八年四月頃、定信の政治は、次のように評判されている。

当時は西下・松平伊豆侯・本弾《ほんだん》（本多　弾正少弼《だんじょうしょうひつ》　忠籌《ただかず》）侯、御三人で諸事御取り計らいて、牧の（野）や鳥井（居）は古く勤めてもほんのかざり計《ばかり》で役にたたぬ。内心では御役御免であらふか、そふなければよいがと思《おもう》て居らる、でアラフと申しサタ。

——当時は定信・松平信明・本多忠籌、この御三人で諸事を御取り計らっていて、牧野や鳥居は長く勤めているがほんの飾りほどのもので役に立たない。内心では、御役御免になるだろうか、そうならなければよいがと思っておられるだろうと噂されています。

牧野や鳥居は飾りで、実際の政治は定信と松平信明、それに加えて勝手掛若年寄の本《ほん》多忠籌《だただかず》の三人で行われているというのである。本多については次章でくわしく見ていくが、定信から高く評価されていた。

これまで見てきたように、世間では、鳥居はただの飾りで役に立たず、若手の松平信明の評判がたいへんよかった。しかし、実際に近くで接する役人の間では、意外に鳥居の評価が高く、信明の評価のほうが低かった。

御勘定留役など、御老中ではいっち鳥居がよい。伺い事などを能《よ》く古例を覚へて居られて滞らず、その間に例はこふなれども、御仁政の候所故《ゆえ》、かふ仰せ付けられてよいなどとすらすら決断が有る。いっちいけぬは伊豆殿だ。何にも例も何もしられはせず、只ぐづ〳〵とむづかしく理屈をいはれて、一寸《ちよつと》した事でも伊豆殿へ伺てはめったは済《すま》ぬと申し候よしのさた。

——御勘定留役などは、御老中では一番鳥居がいい。伺い事などをよく先例を覚へておられて決裁が滞らず、そのときに、「先例はこうだけれども、御仁政に関わることだから、このように仰せ付けられてもよい」などと、すぐに決断が有る。一番いけないのは信明殿だ。何にも先例も何も知らないで、ただぐずぐずとむずかしく理屈を言われ、ちょっとした事でも信明殿へ伺った日にはめったなことでは済まぬと噂されています。

理屈を言って、伺いがあったことに文句をつけるのはまだしも、まったく先例を知らないで難癖をつけるので敬遠されていたのである。

また、信明は、定信とも比べられて次のように言われている。

越中様も委《くわ》しく理屈を御詰めなされ候て人が困るが、是は筋が分《わか》るからよいが、伊豆殿は僻《ひが》にせんさく理屈をいはれて、人を詰められるには扠々《さてさて》こまる、と所々にてさた仕り候よし。

――越中様も細々と理屈をおっしゃって下の者が困るのだが、これは筋がわかるからよい。しかし伊豆殿は、むやみに穿鑿《せんさく》し、理屈を言われて下の者を詰められるのにはさてさて困る、といろいろな部署で噂していることです。

定信の場合は、筋がわかって納得できる。が、信明は屁理屈《へりくつ》を言って下の者の言うことを難詰するだけだった。これは、仕えにくい上司の典型である。これでは責任逃れのために決断を保留していると思われても仕方がない。定信には確固とした理念があって下の者の伺いに注文をつけていたが、信明にはそうした理念はなく、ただ手続きや原則論だけで伺いに難色を示していたのかもしれない。

五　下馬評の正確さ——的中する老中人事

寛政元年（一七八九）四月十一日には、京都所司代で三河国西尾《にしお》藩六万石の松平乗完《のりさだ》が老中に補充された。乗完の父乗佑《のりすけ》は大坂城代を勤め、祖父乗邑《のりさと》は八代将軍吉宗のときに勝手掛老中として改革政治を推進した人物である。

乗完も、当時、評価が高かった若手の俊英である。松平信明が側用人になった頃、彼と並んで次のように評判されている。

松和泉殿（松平和泉守乗完）・松伊豆殿（松平伊豆守信明）共《とも》、格別宜《よろ》しき御人の由。御大役御見出しも御尤もと申し候さた。

——松平乗完殿・松平信明殿ともに、格別よい御人だということ。御大役に抜擢されたのももっともだと噂されています。

「御大役御見出し」とは、乗完の場合は京都所司代に抜擢されたことを指す。宝暦二年（一七五二）生まれで、天明元年（一七八一）四月に奏者番となり、同七年三月寺社奉行兼任、十二月十六日には京都所司代になった。このとき、三十六歳の若さである。寛政元年四月十一日、乗完は、京都所司代わずか一年四カ月の在任で老中に昇進した。一方、牧野貞長は、寛政元年十二月二十五日、御勝手掛を免じられ、翌二年二月二日には老中を辞職した。これは老齢のためということもあっただろう。

牧野が老中を辞職すると、老中は、定信、鳥居、松平信明、松平乗完の四人となった。定信は別格だから、老中は実質的に三人で、業務に事欠き、さかんに老中人事が取りざたされた。下馬評にあがっているのは、次のような人々だった。

御老中には戸田采女《うねめ》（氏教《うじのり》）殿か。太田（資愛《すけよし》）は余り間がないから成るまい。松紀（松平信道）侯大分首尾が能《よさ》そふだが、是《これ》もこせ〳〵して中々宰相の器量は有るまい。此節は、御譜代大名によい人があればぞうさもなく立身の出来る時だが、扨《さて》其様《そのよう》によい人もないものと見へる。軽い御役替《おやくがえ》と違《ちご》ふて、是は西下でも御骨が折れようとさた仕り候よし。

――御老中には戸田采女殿か。太田は京都所司代になってまだ時間がたっていないからならないだろう。松平紀伊侯はだいぶ首尾がよさそうだが、この人もこせこせした性格で、なかなか宰相の器量はないだろう。今は、御譜代大名によい人があれば簡単に出世できるときだが、さてそれほどよい人もないようだ。軽い御役替えと違って、老中人事は、西下でもたいへんだろうとささやかれています。

やはり老中に欠員が多く生じたときは、譜代大名も昇進しやすかったのである。しかし、それには、「よい人があれば」という条件があった。

戸田氏教《とだうじのり》は、宝暦四年（一七五四）生まれの三十七歳。美濃《みの》国大垣《おおがき》藩十万石の藩主で、これまで老中を勤めた先祖はいない。これは、帝鑑間席の大名として、幕府の役職をよく命じられる雁間席の大名よりも高い家柄を誇っていたためである。

寛政元年六月奏者番となり、十一月には寺社奉行を兼ね、翌二年四月には側用人になっている。まず老中候補者の一番手であった。

太田資愛《すけよし》は、元文四年（一七三九）生まれの五十五歳。遠江国《とおとうみ》掛川《かけがわ》藩五万石余の藩主である。先祖に寺社奉行や大坂城代を勤めた者はいるが、この家もいまだ老中になった者はいない。五万石の譜代大名だから老中の資格はあるのだが、巡り合わせが悪かったのだろう。

明和五年（一七六八）七月奏者番、安永四年（一七七五）寺社奉行兼任、天明元年九月若年寄、同七年には御勝手掛を命じられた。そして寛政元年四月には、松平乗完の後任の京都所司代になり、老中も夢ではなくなった。

年齢的には申し分なかったが、まだ京都所司代になって一年もたっていない。先祖に老中を勤めた者がいない、というのも昇進が遅い理由だったかもしれない。ただ、京都所司代は老中の最有力候補であり、健康上の問題さえなければ早晩老中になると予想された。

松平信道《のぶみち》は、宝暦十二年生まれの二十九歳。丹波亀山《かめやま》藩五万石の藩主である。形原《かたのはら》松平家で、先祖の家忠《いえただ》は『家忠日記』を残していて有名である。三代前の信庸《のぶつね》は京都所司代を勤め、祖父の信岑《のぶみね》は寺社奉行を勤めている。

天明八年正月晦日《みそか》、京都に火災があったとき、すぐに領地から駆けつけ、二条城《にじょうじょう》の防火に努めた。この家は、信庸が京都所司代を勤めた関係で、朝廷とも特別な関係にあった。そのため御所の警護にもあたり、天皇が火災を避けて下賀茂《しもがも》に行幸するときには供《ぐ》奉《ぶ》した。

この行動が認められたのか、この年四月に奏者番兼寺社奉行見習を命じられ、六月からは寺社奉行となった。しかし、老中になるにはもう少し経歴を積む必要があった。

このように、もう一人老中を補充するにしても、なかなか適当な駒がなかった。そこで、勝手掛若年寄として定信の右腕になっていた本多に一万五千石を御加増し、老中を命ずるという案が浮上してきた。しかし、家斉の内意を受けた本多は、「当時御倹約中と申し、御幼年と申し、その上わずか三、四年しくは相勤め申さず、勤功も御座なく候」とこれを固辞したばかりか、登城を控えるようになった。

そのため家斉も、「それならこの儀は延引《えんいん》」と引いた。それで、本多はまた出勤するようになった。持ち高勤めなら家政窮乏のために断るというのもわかるが、一万五千石加増なら十分勤められる。一万五千石加増のほうは、噂だけだったのかもしれない。

定信のところで見たように、老中になると藩財政はさらに窮乏する。しかも、気苦労が多い。老中の末席に連なるより、側用人として家斉の側に仕えていたほうがよいというのがこの頃の本多の気持ちだったのかもしれない。

こうして老中人事はまた暗礁に乗り上げ、世間ではしきりに老中人事が話題になっていた。

御老中はまだ出来ぬか、どふだ〳〵と世上にて申し候由。どふだ〳〵も戸田にはよい前表だ。大方若くとも戸田であらふとさた仕り候よし。鳥井（居）侯など御役には立ち申さざる候人なれども、御老中方アマリ若手計《ばかり》にては若者中に相成り候故、鳥井（居）をば飾りにもさし置かれねば老の字のかひがないと申すさたのよし。

――御老中の人事はまだか、どうだどうだと世間で噂されているということ。これは戸田にとってはよい前兆だ。おそらく、若いけれども戸田だろうと噂されています。鳥居侯などは御役には立たない人だけれども、御老中があまり若手ばかりでは若者中になるので、鳥居は飾りにでも置いておかなければ老の字の甲斐がないという者もいます。

老中は役職名で、年齢を指すものではないが、あまり若い者ばかりでは「若者中」になる、というのはおもしろい。やはり、老中にはそれなりに経験を積んだ相応の年齢の人がふさわしいという観念があったのである。

寛政二年四月十六日、本多は、五千石加増され、「老中の格となり、なを奥の勤めをかね」(『寛政重修諸家譜』)ることを命じられた。これで石高は二万石になり、城主格ともなった。実質的な老中である。

十月十六日、側用人の戸田がついに老中に昇進した。年齢も上で、役職経験も豊富な京都所司代の太田は、戸田の後塵《こうじん》を拝することになった。

老中人事は、老中が将軍に提出する複数の候補者の中から、将軍自身が選ぶという形で行われる。このときは、年齢や役職経験などから考えて、第一候補が太田で、第二候補が戸田だっただろう。しかし、家斉は戸田を選んだ。それは、側用人だったために人物をよく知っていたためだったかもしれない。

それにしても世間の予想が「大方若くとも戸田であらふ」というものだったことは、実に注目に値する。戸田よりも太田のほうが寺社奉行になったのが早く、その後も、若年寄、京都所司代と長く行政経験を積んでいる。普通に考えれば太田だが、次の老中は戸田だろうと、世間は正確に予想を的中させているのである。

ちなみに「下馬評」という言葉は、江戸城大手門の下馬札《げばふだ》の場所で、登城した藩主を待つために残った家臣たちが、城内での人事などを予想することからできた言葉である。下馬評もなかなかあなどれない。

これで定信政権は、鳥居忠意、松平信明、松平乗完、戸田氏教、本多忠籌の六人体制となり、形を整えた。戸田のあとは補充されなかったから、本多が側用人の職務を兼ねることになったものと思われる。

その後、寛政五年二月二十九日に鳥居が職務をゆるされ、三月朔日《ついたち》、京都所司代の太田が老中に昇進した。ちなみに松平信道は、寛政三年八月十八日、享年三十で死去した。

この経過を見ると、老中人事は、政権を担う重職だけに、単に家格や役職で順送りになされるのではなく、その人物をよく確かめてからなされるものだったことがよくわかる。そして老中に任じられたのは、おおむね早くから評判のよい譜代大名だった。江戸時代中後期を論じる上で、こうした人事の慣習はよく理解しておく必要があるだろう。

第三章　幕閣大名の生態

若年寄《わかどしより》は、太田資愛《おおたすけよし》、井伊直朗《いいなおあきら》、安藤信成《あんどうのぶなり》、松平忠福《まつだいらただよし》の四人で、天明七年（一七八七）七月十七日、帝鑑間席の本多忠籌《ほんだただかず》が若年寄に補充された。若年寄はおおむね五人だったが、六人になるときもあり、四人のときもあった。

その後、青山幸完《あおやまゆきさだ》が補充されて松平忠福が辞任し、本多が側用人《そばようにん》に昇進すると、大番頭《おおばんがしら》・京極高久《きょうごくたかひさ》が補充された。太田が京都所司代《しょしだい》に昇進したあとは一年ほど欠員となったが、大番頭・堀田正敦《ほったまさあつ》が補充された。寛政五年（一七九三）正月二十七日には、御側御用取次《おそばごようとりつぎ》・加納久周《かのうひさのり》が若年寄格に任じられた。

一　側用人から老中格へ——本多忠籌

定信が老中になったあと、真っ先に若年寄に補充された本多忠籌は、陸奥《むつ》国泉《いずみ》藩一万五千石の譜代大名である。

先祖は徳川四天王とうたわれた本多忠勝《ただかつ》だが、忠籌の本多家はその分家の分家である。この家は、家康の長男信康《のぶやす》の血をひいている（信康の娘を母とする本多忠義《ただよし》の三男が忠籌の本多家の祖忠以《ただもち》）ことで譜代大名内では一目置かれていた。

二代目忠晴《ただはる》（忠以の弟）のとき、大番頭、奏者番《そうしやばん》、寺社奉行《じしやぶぎよう》を歴任し、五千石を加増されて一万五千石となるが、その後は幕府の役職に就くこともなかった。ところが天明七年（一七八七）七月十七日、忠籌は若年寄に抜擢《ばつてき》され、財政担当を任された。当時、数えで四十九歳だった。

忠籌が若年寄になった頃、「内外トモニ厳しくワイロこれ無きは、越中様・本多計《ばかり》なれ共《ども》」（『よしの冊子』）と書かれているので、賄賂《わいろ》を受け取らない清廉な人柄が老中首座になったばかりの松平定信に買われたのだろう。

忠籌は、財政担当若年寄として、倹約令の励行を命じられた。忠籌の評判はよかったが、天明八年四月頃には次のように噂されている。

本弾《ほんだん》（本多弾正少弼《だんじょうしょうひつ》忠籌）侯も御不勝手にて永くは勤《つとま》るマイ。何卒《なにとぞ》五千俵の御役料で御側御用人にしたいものと評判仕《つかまつ》り候《そうろう》よし。

——本多侯も藩財政が苦しいので長くは勤まらないだろう。なんとか五千俵の御役料で側用人にしたいものだと評判しているとのことです。

こうした評判を配慮したのか、四月四日には月番《つきばん》を免除され、御側のことも承るよう命じられ、五月には側用人に昇進し、位階を従四位下《じゅしいげ》に進められた。本多は名を弾正大《だい》弼《ひつ》に改めたが、領知は一万五千石のままだった。

この頃の政治は、「西下《せいか》・松平伊豆侯・本弾侯、御三人で諸事御取り計らいにて」とされ、定信と松平信明の両老中と側用人本多が主導するようになっていた。

しかし、悪い噂も出てくるようになっている。本多が賄賂を取るというのである。

本弾侯はとかく賄賂をとられ候由《よし》。尤《もつと》も本弾侯には御取りはこれ無く候《そうら》へども、家来あしき由。尤も御時《おじ》節柄故《せつがらゆえ》格別の事ハこれ無く候へども、少しヅ、の事は御座《ござ》候《そうろう》由。いづれにも弾正侯へは取り入り安く御座候に付き、色々の人入り込み申し候《そうらい》て心易く相成《あいな》り候よし。中々西下はよってもつかれぬ御勢ひだが、弾正殿は随分取り入レハ取り入り安イと申し候よし。

——本多侯はとかく賄賂を取られるということ。もっとも本多侯は御取りになっていないけれども、家来が悪いということです。もっともこの御時節だから大したことはありませんが、少しはあるということです。何と言っても本多侯へは取り入りやすいので、いろいろの人が出入りして気安くなっているということ。なかなか定信様は近寄ることもできない御勢いですが、本多殿なら取り入りやすいということです。

本多は、その権力の割には門地が低く、それをねらって多くの人が本多の屋敷に出入りするようになったのである。その際、当然のように何らかの進物は用意しただろう。これは賄賂というほどのものではないが、贈る者はそれなりの思惑があって持参するのである。また、本多家への出入りを仲介する家臣は、本多以上に露骨に金品を要求しただろう。

こうした事情で、本多は次第に賄賂を受け取る政治家とされていったのである。

ただ、同情する余地はある。わずか一万五千石の領地で、若年寄や側用人といった大役を勤めるのはかなりたいへんだったのだろう。十一万石の定信とは同列には論じられない。

もともと本多は倹約家で、若年寄になる前には勝手向き（藩財政）を切り詰め、「余程取り直し」た。しかし、若年寄になってわずかの間に「大物入《おおものいり》」があり、「元の不身上」に戻ってしまったという。もともと一万五千石の「根のよはき勝手向《むき》」だから、少しでも物入りがあればその分だけ藩財政に穴があく。月番のときなどは特に物入りが多いという。

寛政二年（一七九〇）二月頃には、御用の多い本多は、むしろ御老中になったほうが物入りが少ないのではないか、とまで噂されている。勝手向きの窮乏は、役職に伴う経費を自腹で賄わなければならない譜代大名の構造的な問題点だった。

本多を老中にという声は、早くからあがっている。天明八年十一月には、次のように噂されている。

本弾侯、専《もっぱ》ら御老中に仰せ付けらるべくと沙汰仕り候由。しかしながら一万五千石では成るまい。御老中は三万石以上でなくては仰せ付けられぬから、一万五千石御加増で仰せ付けらるであらふとさた仕り候よし。

――本多侯は、御老中に仰せ付けられるだろうともっぱら噂されています。しかしながら「一万五千石ではなるまい。御老中は三万石以上でなくては仰せ付けられないから、一万五千石御加増で仰せ付けられるだろう」と噂されています。

老中は、本来、三万石以上の譜代大名が任じられる。一万五千石の本多を老中にするためには、一万五千石の加増が必要である。これは、幕府財政にも影響を与えるので、将軍のたっての希望ならともかく、簡単には命じられるものではなかった。

寛政二年四月、本多は五千石加増されて老中格となり、ほかの老中とともに老中の職務にあたることになった。奥兼帯（中奥《なかおく》の勤めを兼ねること）だから、家斉《いえなり》の受けもよかったのだろう。

しかし、老中になると、一挙手一投足が注目される。本多についても、次のような評価がなされている。

町方抔《など》にて、越中様は何ぼでも田安の御子《おこ》で、細かナ事も御存知なされぬはづだが、弾正様（本多忠籌）がわるい。何の事はない、公方様が仕送り用人《ようにん》を抱えなさった様なものだ。公儀の御身代ばかり能《よ》く成りても、一統に世上が詰りては公儀の御為《おんため》にもならぬ。弾正様は全く仕送り用人だ、と評判仕り候よしのさた。

——町方などにて、越中様は何と言っても田安の御子で、細かな事も御存じなさらないはずで、これは弾正様が悪い。何の事はない、公方様が仕送り用人を抱えなさったようなものだ。幕府の財政ばかりがよくなっても、全体に社会が詰まったのでは、幕府の御為にもならない。弾正様はまったく仕送り用人だ、と評判しているとのことです。

「仕送り用人」とは、領地にいて年貢を徴収し、また倹約に努めて主君にお金を送る家臣のことである。本多のやっていることは、国や国民全体を見る財政ではなく、幕府だけを見る財政だった。一万五千石の知行《ちぎょう》で、倹約を重ねてようやく勝手向きをよくした本多が、その発想で直轄領四百万石の幕府財政を切り盛りすると、財政規模が縮小し、民間にお金が行き渡らないようになる。寛政期の不況は、こうした幕府の財政政策にも原因があっただろう。

本多が老中格になると、幕府の「御賄向《おまかないむき》」は、本多が担当になって倹約が始まった。その細かさには役人たちも閉口し、御賄関係の役人は甚だ悪く言った。

本多は、勝手向きの事にはささいな事までも吟味をかけ、米を搗《つ》けばへりがいくらたつ、糠《ぬか》の値段がいくらいくらと、御つき屋などへも口を出し、「ことの外《ほか》いじ〳〵申される」ということで、「いくらなんでも越中様はああまでは言うまい、本多はさて〳〵うるさい」と小役人は陰口を言っていた。

本多は、小役人の役得を取り上げようとしたのだろうが、老中が糠の値段にまで口を出したのでは不満が出るのも当然である。ただし人物は正直だと、一面では評価されている。

しかし、老中格になってしばらくたった頃には、「とかく取り入れ行はれ、大分田沼時代の権門風が有る」と言われるようになった。

「取り入れ」とは進物を受け取ることを言い、「少しヅ、は賄賂も行われ」という様子だった。老中格になり、四品《しほん》（従四位下の位階）になったときは、「御装束代《ごしようぞく》」などと称して、内々に金子《きんす》を贈った者もいた。

本多が管轄する中奥の役人は、本多への手筋（コネ）を求め、物を贈っていた。御広《おひろ》敷《しき》番頭の中には、心願書《しんがんしよ》（昇進を望む願書）を持参したところ、用人から「随分心懸けよう」と言われたという。それで、「楽しいことだ」「御親切な人だ」と喜ぶ者もいる。逆に「おらは本多殿へ手筋がないから埒《らち》が明かぬ」と嘆息する者もいる。

軽い賄方の役人などは、「本多殿さえよければどふでも立身も成る」などと評判していた。軽い役の役替えがあって、この人事はどうして、というようなものは、「アレも本多殿だろふ」などとすぐに言われる。

こうした状況が、「田沼時代の権門風」と言われたのである。特に家臣が問題で、「家臣西下程に揃い申さず」、つまり定信の家臣ほどには質が揃っておらず、中には主人に口を利いてやるからと、賄賂を取る者がいたのである。

こうしたことが評判となり、寛政四年五月頃には、「自然と御不首尾にて、近々御引っ込み」とまで噂されている。

もう一つ問題だったのは、将軍への姿勢である。忠籌は将軍側近の老中格でありながら、次のように評判されている。

本弾侯には、公方様をバ至って恐れ申され候由。アノ様子にては御諌《おいさ》メなどと申す事は決して出来ぬ。御老中がア、では済まぬとさた致し、奥向きなどにては大《おおい》に嘲《あざけ》り、ア、上を恐る、ハ詰《つま》らぬと、奥向《おくむき》一統さたのよし。

――本多侯は、公方様（将軍家斉）を至って恐れ申されているということだ。あの様子では、御諌めなどと申すことは決してできない。御老中があぁでは済まぬと、奥向きなどでは大いに嘲り、ああ上を恐れるのは詰まらぬと、奥向き全員が噂しているということだ。

忠籌は家斉をたいへん恐れていた。ということは、何でも家斉のいいなりになるということを意味する。「奥向」というのは中奥の役人のことだから、部下たちでさえみな忠籌の家斉への弱腰を批判していたのである。

忠籌は、すでに五十二歳で、老中首座の定信よりも十九歳年長である。奥の勤めを兼ねているのだから、ようやく二十歳になったばかりの将軍を教導するのは忠籌の役目だった。確かにそのような弱腰では批判されても仕方がない。

老中は、将軍から委任されて政治をとる役だが、徳川家の老臣でもある。将軍の行動に問題があれば諫言《かんげん》する必要があり、またそれを期待されてもいた。将軍の意に唯々諾々と従うだけではだめなのである。

しかし、本多は、なかなかしたたかな政治家だった。将軍の意を得ることが、一番重要だと考えていたのだろう。それについては、終章で見ることにしよう。

二　次代を担う若年寄――堀田正敦

老中と違って、一万石以上の譜代大名なら誰もがチャンスがある若年寄には、すぐれた人物もいる。この時代、特筆すべき人物は、堀田正敦《ほったまさあつ》であろう。仙台藩主伊達宗村《せんだいだてむねむら》の八男に生まれ、譜代大名である堀田家の養子となっていた。

仙台藩は、兄重村《しげむら》が宝暦六年（一七五六）七月九日に相続している。正敦は宝暦八年生まれで、仙台藩では摂津《せっつ》を名乗り、一万石を与えられていた。仙台藩の家臣たちは、次のように言っていたという。

堀田摂津守（正敦）殿、元来慈悲も深く才略もこれ有り、仙台家中にても服し居り、あなたが旦那に成《なら》しったらよかろふにと申し居り候由。

――堀田正敦殿は、もともと慈悲も深く才略もあり、仙台藩の家中でも服しており、あなたが藩主におなりになったらいいだろうに、と言っているということです。

仙台藩の家臣は正敦を慕い、正敦が藩主だったらよかったのに、と言っていたのである。というのも、藩主重村は、人見知りが強いのか、居間に引っ込んでいて、家老にもめったには逢《あ》わず、家臣たちはみんな困っていた。だが正敦だけは、案内なしに兄の居間に行くことができ、そこに入って話などしても咎《とが》められることもなかったのだという。

江戸に出てきた当初は、「甚だ仙台詞《ことば》にて耳達《みみだち》候よし」と言われている。国元で生まれ、そこで育ったから、仙台弁が目立ったのである。逆に言えば、それだけ目立ったからこのように書かれているのであって、当時、大名はほとんど江戸の大名言葉を使っていたのであろう。

正敦は、常々、次のように言っていたという。

只今一万石取り候《そうらい》て楽には候へども、何卒公方様《くぼうさま》の御人に成り申したく候。御人にさへ相成り候へば、御旗本にても宜しく。

——現在は一万石を与えられているので楽だけれども、何とか公方様の直臣になりたい。直臣にさえなれれば、御旗本でもいい。

確かに、参勤交代もなく一万石与えられていれば楽だろう。しかし、大名を望むのではなく、旗本でもいいから将軍の直臣になりたいという希望があったのである。

江戸の正敦は、仙台藩の下屋敷である袖ケ崎《そでがさき》屋敷にいた。そこには妾《しょう》が二人おり、いという妾との間に常之丞《つねのじょう》という男子も出生していた。天明六年（一七八六）三月、近江《おうみ》堅田《かただ》藩一万石の堀田家への縁談が決まると、その妾を隠して婿養子に入った。妾と子どもは、袖ケ崎屋敷に残していた。

堅田藩堀田家は、五代将軍綱吉《つなよし》のときに大老を勤めた堀田正俊《まさとし》の三男正高《まさたか》に始まる家である。義父は正富《まさとみ》といい、正敦を婿に取った翌年には、まだ三十七歳の若さで正敦に家督を譲った。

正敦は、能書家で、和歌も上手だった。古典にも通じ、『源氏物語』の講釈などを諸侯の屋敷でしていたという。

定信は、学問のある者を好んでいた。そのため正敦は、寛政元年（一七八九）四月八日、大番頭に任じられた。大番頭としての正敦の働きは、次のようなものだった。

一躰《いったい》組風　甚《はなはだ》あしく御ざ候処《ところ》、津《つ》の守《かみ》（正敦）殿せわやかれ、文武励まされ、学問致し候人へは、講釈ならびに文章などかかせられ候よし。組下にては小言を申し候へども、一躰取り計《はから》ひ宜《よろし》キとさた仕り候。

――もともと組風がたいへん悪かったところ、摂津守殿が世話をやかれ、文武を奨励し、学問をする人へは講釈をし、文章などを書かせられたということです。番《ばん》士《し》の中には不平を言う人もいますが、全体として取り計らいがよいと言われています。

幕府の大番は、十二組ある。番士は固定しているから、それぞれの組に「組風」があり、正敦が番頭になった組はその組風がたいへん悪かった。しかし、正敦が番士に対して、文武に励むよう諭し、学問をする番士へは講釈をしたり、文章を書かせたりした。番士の中には不平（小言）を言う者もいたが、大方は取り計らいがよいと評判していた。

こうした人材は、定信好みである。翌年六月十日には、若年寄に抜擢された。世間の評判は、次のようなものだった。

当時まだ田舎もの所があらふが、始終は至って能《よ》くなられよう、御勝手方にもなられようと、評判仕り候由のさた。

——今はまだ田舎っぽさが抜けないが、そのうちたいへんよくなられるだろう。御勝手掛にもなられるだろうと評判されています。

実際、正敦は、七月二十一日からは勝手掛を命じられている。当時の若年寄の中では傑出していたのだろう。

正敦は、人への接し方が秀逸だった。堀田家には病身の養祖母がいたが、この人への仕え方もたいへんよかった。この養祖母は、若年寄だった松平忠福《ただよし》のおばで、忠福も感心して、「此節、アレが若年寄にならぬで、誰が成るものだ」と言ったという。

正敦は、一万石の藩主にすぎなかったから、結局老中になることはなかったが、長く勝手掛を勤めている。御目見え以上の幕臣の系譜を網羅した『寛政重修諸家譜《かんせいちょうしゅうしょかふ》』は、この正敦と大学頭《だいがくのかみ》林述斎《はやしじゅっさい》が相談して企画し、正敦が総裁となって編纂《へんさん》されたものである。正敦がいなければ、この大事業は開始されなかったかもしれない。本書でも頻繁に利用しているこの家譜は、幕府役人を調べるときの最も信頼できる人名辞典でもあり、江戸時代研究に計り知れない恩恵を今も与えつづけている。

三　刀を忘れて自ら謹慎——京極高久

若年寄のうち、堀田正敦と並んで評判がよかったのは、京極高久《きょうごくたかひさ》である。丹後《たんご》峯山《みねやま》藩一万一千石の藩主で、代々の藩主は役に就いていない。彼も長く役には任じられなかったが、天明七年（一七八七）七月六日、大番頭に任じられた。すでに五十九歳であった。

普通なら大番頭止まりだろうが、勤めぶりが認められたのか、翌年六月十八日には若年寄に昇進し、七月十日には勝手掛を命じられた。

この家柄で勝手掛になるのだから、上の評価が高かったのだろう。ほかの役人で見てきたように、勤めぶりがよくないとすぐ悪い評判が立つが、京極の場合は評判がよく、登城前に御対客に、四、五人ずつは知らない人も来ていた。これは定信と京極だけのことで、それだけ人望があったということである。特に身分の低い御家人などは、「京極へは何にても物が申しよい」と喜んでいたという。

ところが、思いがけないところに落とし穴があった。

寛政二年（一七九〇）八月二十日、大嵐の中、登城したときのことである。

城に着いた京極は、下乗《げじょう》の所で駕籠《かご》から降りようとしていたところ、あとから登城した定信が京極の前で下乗したため、京極は桐油《とうゆ》の合羽《かっぱ》を着たまま急いで駕籠を出た。あまりに慌てふためいていたため、刀を差すのを忘れ、駕籠の中に置いたままだった。

供の者が駕籠を見ると、刀が置いてある。これは一大事だと、その刀を持って主人を追いかけたが、刀を持っているので桔梗《ききよう》門の門番がそれを咎めた。供の者は、「是《これ》は京極備前守刀にて御ざ候」と断って通った。このため、京極が刀を忘れたということがぱっと広まった。

以前、三浦志摩守《みうらしまのかみ》が若年寄のとき、やはり刀を忘れ、御役御免になったことがあった。武士としては言い訳のできない失態だった。さすがに次のように評判されている。

此度《このたび》京極殿にも、表立ち候ては御役御免でなくば済《すま》ぬ道理なれども、当時、京極、堀田と申し候へばひゐきも多く、人望の御役人に御座候間《あいだ》、どふぞ今迄の通りに勤め申され候様にいたしたき物と、人々相患ひ候由。又、三浦とは違ふから、爰《ここ》は思し召しも有りそふナものじゃ、どふぞ御役に障らねばよいがと評判仕り候由。

――今回のことは、京極殿でも、表立ってしまえば御役御免となる道理だが、現在、京極、堀田と言えば贔屓《ひいき》も多く、人望のある御役人だから、どうか今までの通りに勤められるようにしたいものだと、人々は心配しています。また三浦とは違うから、ここは将軍のお考えもありそうなものだ。どうか御役に障らねばよいがと評判しています。

武士社会は、建前の社会である。刀を忘れたことが表沙汰《おもてざた》になると、御役御免は仕方がない。京極も、当然、そうなるものと覚悟していた。

ところが、刀を忘れたこと自体は評判になって知る人が多かったが、幕閣では表立って咎めようとはしなかった。だから、そのまま勤務を続けても問題なかったのだが、この失態が一番堪《こた》えていたのは京極自身だった。面目を失ったと感じた京極は、九月十五日から病気と称して登城しなくなった。

翌三年、幕閣は、京極の嫡子高備《たかまさ》と親族藤堂良峯《とうどうよしみね》を召し、将軍は高久の辞職願いを許されない、と伝えた。しかし、なお高久が登城しないので、医師を派遣して病状を確かめた。医師は、出仕できないことはないと報告した。

そこで幕閣は、同職の堀田正敦を遣わして内々に事情を尋ねた。その返答が、『寛政重修諸家譜』にある。現代語訳して紹介しよう。

「以前、登城したとき、軽からざる過ちがあって士道が立ち難く、ことに重職の身であるので恐懼《きょうく》し、即座に辞職しようと考えましたが、私的な理由で公の事を勤めないのを憚《はばか》り、急務を処理しているうちに病気になり、やむをえず辞職を願いましたが、何度も慰留され、かたじけない内旨まで受け、ありがたく思っておりますが、先の過失が軽くないことを思い、籠居《ろうきょ》しております」

やはり、刀を忘れたことに武士としての責任を感じて、自ら謹慎していたのである。これに対する家斉の処置は、なかなか味なものだった。家斉は、次のように高久に厳命を与えたのである。

「それは理由のないことではないが、もともと高久は老年にいたるまで武辺を嗜《たしな》み、常に職務も怠りないことをかねて知っているので、一度の過失は許し、辞職願いを慰留し、内々に尋ねるのも特別な措置である。しかるに高久は、重職にありながら、一騎前《いっきまえ》の事に拘泥し、あくまで考えを通そうというのは、公を憚らない行動と言える。それは心得違いである」

「一騎前の事」とは、個人的な武士の面子《メンツ》のことである。武士の面子に拘泥し、重職を放棄しようというのは心得違いだと家斉から叱責《しっせき》された高久は、出仕を憚り、判断を仰いだ。

正月十四日、家斉は、刀を忘れたことは問題にせず、公のことよりも一騎前のことを優先したことを咎め、拝謁を止めるという処分を与えた。

高久は、刀を忘れたことが世間で評判になりながら平気な顔で勤めを続けることはできなかったのだろう。しかし、そのことで処分するとすれば御役御免しかありえない。このため家斉は、別件で謹慎させたのである。

そして二月三日、家斉は、高久の処分を解いた。こうして高久は、また従来のごとく勤めを続けることになったのである。家斉の粋《いき》なはからいであった。

四　将来を嘱望された寺社奉行——脇坂安董

定信が老中首座になった天明七年（一七八七）六月時点での寺社奉行《じしゃぶぎょう》は、松平輝和《まつだいらてるやす》（上野国《こうずけ》高崎《たかさき》藩八万二千石）、土井利和《どいとしかず》（下総国《しもうさ》古河藩七万石）、松平乗完《のりさだ》、稲葉正諶《いなばまさのぶ》（山城《やましろ》国淀《よど》藩十万二千石）の四人であった。これらの家は、老中の常連でもあった。

このうち、のちに老中になる松平乗完は、十二月に京都所司代に昇進し、後任には越《えち》後《ご》国長岡《ながおか》藩七万四千石の牧野忠精《まきのただきよ》が補充された。

翌八年六月、板倉勝政《いたくらかつまさ》（備中《びっちゅう》国松山《まつやま》藩五万石）が五人目の寺社奉行に補充され、土井が辞任すると、寺社奉行見習だった松平信道《のぶみち》が本役となり、稲葉は寺社奉行兼任を免除されて、四人体制に戻る。

寛政元年（一七八九）十一月、戸田氏教《とだうじのり》が補充され、五人体制となり、しばらくこの体制が続く。同二年四月、戸田氏教が側用人となって四人体制に戻り、翌三年八月松平信道が死去したため、脇坂安董《わきさかやすただ》（播磨《はりま》国龍野《たつの》藩五万千八百九十石）が補充される。

同四年八月、牧野忠精が大坂城代《おおさかじょうだい》に昇進すると、立花種周《たちばなたねちか》（筑後《ちくご》国三池《みいけ》藩一万石）が補充され、翌五年九月、青山忠裕《あおやまただやす》（丹波《たんば》国篠山《ささやま》藩五万石）が加わり、再び五人体制となった。

このように、寺社奉行は、奏者番の中から補充され、大坂城代、京都所司代、若年寄、側用人などに昇進していく。四人体制が普通だが、五人体制になることもある。

寺社奉行は大名役で、ほとんど譜代大名が任命されるから、格式から言って、評定所を構成する寺社、町、勘定の三奉行の中では最も上席である。

しかし、旗本と違って奏者番しか勤めていないから経験不足で、次のように評判されることもあった。

町奉行、御勘定奉行は公事《くじ》すらくと相済み申し候へども、とかく寺社奉行は万事埒明《らちあけ》申さず、格別の才略の人も有るまじきと申し候世間さたのよし。

――町奉行や御勘定奉行は、裁判をすらすらと処理するが、とかく寺社奉行は万事埒があかず、格別の才略の人もないようだと世間で噂されています。

どうもこの時期は、寺社奉行にあまり能力のある人がいなかったようだが、寛政三年八月二十六日に寺社奉行になった脇坂安董は評判がよかった。『よしの冊子』には、次のように書かれている。

寺社奉行は、脇坂淡路守（安董）より外には有るまい、と沙汰仕り候由。越中様の御弟子と申し、御親父の図書（安親《やすちか》）殿も控えてござる。図書殿も大躰《たいてい》の人ではないとさた仕り候よし。

――寺社奉行は、脇坂淡路守より外にはあるまい、と評判です。越中様の御弟子といい、御父上の図書殿も控えていらっしゃる。図書殿もただ者ではないと言われています。

脇坂家は、播磨国龍野藩五万千八百九十石の藩主である。もとは外様大名だが、三代将軍家光の老中を勤めた堀田正盛《ほったまさもり》の子が養子になって脇坂家を継いだため、譜代扱いとなった。

安董の父安親《やすちか》は、堀田正盛の嫡流堀田正陳《まさのぶ》（近江国宮川《みやがわ》藩主一万石）の四男で、脇坂家に養子に入った。安永四年（一七七五）四月、目黒《めぐろ》から出火した火事が江戸城にまで延焼し、本丸に火が移りそうになったが、脇坂が火を防ぎ、賞されている。「大躰の人ではない」というのは、このときの評判のことを言っているのだろう。

安董は、明和五年（一七六八）生まれで、寺社奉行になったときはまだ二十四歳と若いこともあって活躍はないが、のちに大奥女中のスキャンダルである延命院《えんめいいん》事件を摘発し、鮮やかに処理したことで有名である。

延命院事件とは、日蓮《にちれん》宗の僧侶《そうりょ》延命院日道《にちどう》が、大奥女中の信仰を集め、大奥女中が足繁く延命院に通ううち、大奥女中やその部屋方、さらに諸家の奥女中五十九名と関係したという事件である。脇坂は、家臣の妹を内偵として派遣し、ついに日道が女中たちと艶書《えんしょ》をやりとりしたという証拠を突き止めたという（三田村鳶魚「稼ぐ御殿女中」『三田村鳶魚全集』第三巻）。

享和《きょうわ》三年（一八〇三）六月六日、脇坂は、日道を女犯《にょぼん》の罪に問い、死罪を申し付けた。多数の大奥女中と関係したからである。しかし、処罰された女中は、谷中善光寺《ぜんこうじ》門前町の家主源太郎《げんたろう》の妹きん（二十三歳）、霊岸島長崎町《れいがんじまながさきちょう》一丁目和助店《わすけだな》に住む喜平次《きへいじ》妹ころ（二十五歳）、「屋《や》形向《かたむき》（藩邸）相勤め候女両三人」の五人だけだった。大奥女中には傷がつかないよう配慮したことがわかる。

この処置は、現在から見れば公正とは言い難いが、当時の役人としては満点の裁きだった。自分にも火の粉が降ってくるかもしれない難事件を処理できる寺社奉行は、若いころから将来を嘱望された脇坂のような者しかいなかったであろう。そもそも脇坂でなければ、この事件を摘発することもできなかったはずである。やはり、のちに名前が出てくるような役人は最初から目立っていたのである。

五　出世を厭う坊ちゃん育ちの大名――井上正国

上総《かずさ》・下総《しもうさ》両国（千葉県）のうちに一万石を領する井上家は、三代将軍家光のとき、大目付《おおめつけ》兼宗門改役《しゅうもんあらためやく》を勤めた井上筑後守政重《まさしげ》に始まる大名である。政重は、キリシタン史研究者には有名な人物で、遠藤周作《えんどうしゅうさく》氏の名作『沈黙』にも重要人物として登場する。

二代将軍秀忠の年寄《としより》であった正就《まさなり》の弟、政重は、二百俵の書院番士から加増を重ねられて一万三千石となった。政重の死後、千五百石の分家二家と五百石の分家一家を創出したが、一万石という大名としての最低限の知行は維持した。

代々筑後守を名乗る井上家は、五代正森《まさもり》のとき、男子三人がすべて夭逝《ようせい》したため、御三家筆頭の尾張《おわり》徳川家から婿養子を迎えた。徳川宗勝《むねかつ》の十男正国《まさくに》である。

正国が井上家の婿養子となったのが宝暦五年（一七五五）で、数えで十七歳のときである。同十年、養父正森が隠居し、封を継ぎ、筑後守を名乗った。

明和四年（一七六七）からは、大坂定番《じょうばん》を勤めた。大坂定番は、一、二万石の譜代大名が二名任じられ、大坂城の京橋口と玉造口の警備を担当する。

天明八年（一七八八）三月、正国が城に召されたが、このとき、次のようにささやかれた。

井上筑後守（正国）、召し候由。若年寄に相成るべき由のサタ。尾州御子にて人物もよろしく候由。六十万石を取り損ない申し候間、若年寄くらひは随分よさそふな物と申し候由。

――井上筑後守を召したとのこと。若年寄になるとの評判です。尾張家の御子で人物もよいということだ。六十万石を取り損なったのだから、若年寄ぐらいには任じられてもよさそうなものだと言われています。

一万石の井上家では、若年寄にもそうなれるものではない。しかし、出身が尾張家だけに、世間の見る目も違っていたのである。「昔は吉原《よしわら》へも行った人だが、いまはよい人物になったそうだ」とも言われている。

婿養子に入った身でありながら、遊廓《ゆうかく》の吉原にも行っていたらしい。

しかし、ふたを開けてみれば、正国が任じられたのは奏者番だった。奏者番は、譜代大名の登竜門だから、正国も喜んだと思われるのだが、実際はそうではなかった。正国は、奏者番などにはなりたくはなく、大坂定番を長年勤めた褒美に、三千石ほどの加増を望んでいたのだという。

奏者番になって、江戸城で諸大名とつきあうようになると、次のような評判が立った。


井上筑後守、人と咄《はなし》を仕り候に、尾張様の事を兄が〳〵と申し候由。右故か、井上は馬鹿ナ人じゃと沙汰仕り候よし。


——井上筑後守は、人と話をするとき、尾張様のことを兄が兄がと申していると いうこと、そのためか、井上は馬鹿な人じゃと言われているということです。

ことあるごとに尾張家当主徳川宗睦《むねちか》の弟であることを鼻にかけ、周囲から顰蹙《ひんしゅく》をかっていたのである。

そのうち、次のように評判されるようになる。

井上筑後守はアマリ宜しくもなき人なるよし。身代宜《よろ》しからざるに付き、若年寄に仰せ付けられ候はば勤《つとま》り申すべく候へども、一万石にて御奏者が中々勤まり申さずと、此前も両度ながら尾州の御頼みにて大坂へ参り候由。御奏者番に仰せ付けらるべき哉ノサタは、田沼時分も度々御座候よし。

――井上筑後守は、あまりよくもない人だということだ。石高が少ないので、若年寄ならば勤まるだろうが、一万石では奏者番はなかなか勤められないと、尾張様の御頼みで大坂定番になったということです。奏者番を命じようという話は、田沼のときにもたびたびあったということです。

正国は、若年寄なら勤まるが奏者番は勤まらない、と吹聴《ふいちょう》していたというのである。前回の大坂定番も兄の頼みがあってこそだった。その後も、奏者番にという話はあったが、それは断っていた。

大名の役職は、持ち高勤めで、役職手当はつかないから、基本的に持ち出しになる。石高の多い大名なら勤められるが、一万石では藩財政は窮乏する。それでも若年寄なら、幕政の中枢にあるだけに、進物や賄賂などが期待でき、やっていけると考えていたのだろう。奏者番では、仕事はたいへんだが、実入りは少ない。

しかし、それが外に知れるような行動をとっていると評判は下がる。一時は苦しくても、奏者番を勤めていれば、若年寄昇進もあったかもしれないし、そうなればあるいは加増もあったかもしれない。

大坂定番だと、何年勤めても加増や昇進は期待できない。せっかく尾張家当主の兄がありながら、その使い方を誤っていたのである。

正国は、結局奏者番も勤まらず、一年後の寛政元年（一七八九）三月には職を辞した。同三年三月に致仕し、同八月に五十三歳で没しているところを見ると、体調もすぐれなかったのかもしれない。

正国が、尾張家出身という有利な出自でありながら、あまり出世できなかったのは、苦労をしたくないという坊ちゃん育ちであったことによるのだろう。

正国のあとは、尾張家の付家老《つけがろう》（幕府から付属された家老）竹腰《たけのこし》家から婿養子にとった正紀《まさのり》が継いだ。尾張家の後押しがないため、幕府の役職には就けなかった。

第四章　町奉行の勤務ぶり

町奉行《まちぶぎょう》は、将軍のお膝元《ひざもと》江戸の行政・司法・警察を司《つかさど》る大役である。北町奉行と南町奉行の各一人ずつが置かれた。定信が老中首座《ろうじゅうしゅざ》となった天明七年（一七八七）の時点では、北町奉行が曲淵景漸《まがりぶちかげつぐ》、南町奉行が山村良旺《やまむらたかあきら》だった。

曲淵は、明和六年（一七六九）八月十五日、大坂町奉行から昇進し、すでに十八年北町奉行を勤めていた。ところが、天明七年六月一日、西の丸留守居に左遷された。

後任には、寄合で元小普請組支配《こぶしんぐみ》の石河政武《いしこまさたけ》が補充されたが、この年九月十九日に在職のまま死去した。小普請奉行柳生久通《やぎゅうひさみち》が後任となったが、翌天明八年九月十日、勘定奉行上座に転出することになり、浦賀《うらが》奉行初鹿野信興《はじかのノぶおき》が昇進した。寛政三年（一七九一）十二月二十日、初鹿野が死去すると、翌四年正月十八日、大坂町奉行小田切直年《おだぎりなおとし》が昇進した。

南町奉行は、寛政元年九月七日、山村が御三卿《ごさんきょう》・清水家の家老に転出し、京都町奉行池田長恵《いけだながしげ》が昇進した。

一　失言で左遷――曲淵景漸

天明七年（一七八七）六月一日、北町奉行曲淵景漸（甲斐守《かいのかみ》）が西の丸留守居に転出した。西の丸留守居は、役高は二千石だが、さしたる仕事もない閑職で、役高三千石の町奉行からの異動だと間違いなく左遷である。

曲淵は、千六百五十石の旗本で、小姓組番士《こしょうぐみばんし》、小十人頭、目付《めつけ》、船手兼任、大坂町奉行と歴任し、明和六年（一七六九）八月十五日、北町奉行に昇進していた。このとき、四十五歳だったから、能吏《のうり》だったのだろう。

その彼がなぜ左遷されたかと言えば、天明の打ちこわしのときの失言による。

去夏（天明七年）、米屋騒動の時分不首尾に相成《あいな》り候《そうろう》は、町人共《ども》夫食《ふじき》を願い出候節《せつ》、曲淵申され候は、昔飢饉《ききん》の節は犬を喰い候事御座《ことござ》候とて、犬一匹が七貫文ヅ、いたし候。此度《このたび》も犬をくへと申され候由《よし》。夫故《それゆえ》町人共大《おお》いに立腹いたし、米屋騒動に乗じ、夜中など曲淵をも打てかゝり候由《よし》。夫故《それゆえ》の不首尾と申し候さたのよし。

――去夏、米屋打ちこわしのとき、左遷されることになったのは、町人たちが飯米を願い出たとき、曲淵は、「昔飢饉のときは犬を食べたことがあったということで、犬一匹が七貫文もした。今回も犬を食え」と言ったという。そのため町人たちは大いに怒り、米屋の打ちこわしに乗じて、夜中などに曲淵の役宅にも打ってかかったということです。そのための左遷だと噂されました。

「貧乏人は麦を食え」と放言したかつての総理大臣のようだが、町奉行が町人から打ちこわしをされたのでは勤めは果たせない。結局、責任を問われて更迭された。

しかし、曲淵は上層部から能吏として認められていた。ほとぼりが冷めた天明八年四月六日には小普請組支配に移った。席次は西の丸留守居より下だが、隠居役の西の丸留守居と違って次がある。果たして同年十一月二十四日、御三卿・清水家家老に異動した柘植正寔《つげまさたね》のあとを受けて勘定奉行に進んだ。

柘植が清水家家老に異動したのは七月二十五日だから、しばらく勘定奉行が空席となり、その人事をめぐっていろいろと下馬評があった。しかし曲淵が任じられると、周囲は納得し、なかなかよい人事だと言われた。曲淵について大方の評価は、次のようなものだった。

曲淵は、御目付の時分より、以上七度役替致され候由。此度又々御勘定奉行に仰せ付けられ、なるほど捨《すて》られぬ人だと申し候さたの由。

――曲淵は御目付のときからこれまで七回も役替えされたということ。今回、またまた御勘定奉行に命じられたので、なるほど捨てられぬ人だと評判されています。

失言で左遷されればあとがないのが普通だが、ほかに能力のある役人が少なかったのか、曲淵が再び復活し、それが好意的に受け取られているのである。曲淵がなったのは公事《くじ》方勘定奉行で、幕領の訴訟を扱う役だから、もと町奉行の曲淵の経験は貴重だったのである。

二　町方から馬鹿にされた町奉行――柳生久通

天明七年（一七八七）九月二十七日、在職中に没した町奉行石河政武《いしこまさたけ》（土佐守《とさのかみ》）の後任として、柳生久通《やぎゅうひさみち》（主膳正《しゅぜんのかみ》）が任じられた。

柳生と聞くと、将軍家剣術師範の大和《やまと》柳生藩一万石の分家かと思われる。当時の人も誤解したようで、柳生が町奉行を命じられると、世間では次のようにさまざまに噂をした。

御三代御師範せし故仰せ付けられ候やともいひ、いづれ柳生など仰せ付けられ候はめづらし、大ノ通人也。是《これ》まで撰挙の人まづ実躰の方のみ多きに、柳生などの通人も召し出され候と申し合ひ候よし。

――（先祖が）御三代の御師範をしていたため仰せ付けられたとも言い、とにかく柳生などに仰せ付けられたのは珍しい。柳生は大の通人である。これまで町奉行に抜擢《ばってき》された人は、役人タイプの人ばかりだったのに、柳生のような通人が召し出されたと言い合っているということです。

柳生久通が、三代将軍家光の剣術師範をした柳生家の出身であるから抜擢されたのだという噂があったことがわかる。しかし、実はそうではない。もとは村田を称する剣術家に始まる家だった。

久通の曾祖父《そうそふ》十郎右衛門久辰《ひさとき》は、剣術に長じ、甲府《こうふ》宰相時代の家宣《いえのぶ》（のち六代将軍）に仕え、柳生藩主柳生備前守俊方《としかた》から柳生を称することを許された。祖父久壽《ひさとし》は、徒頭《かちがしら》、西の丸目付、西の丸新番頭《ばんがしら》などを勤め、十代将軍家治《いえはる》の剣術の相手も勤めている。

久通は、西の丸書院番から勤務を始め、小納戸《こなんど》、小姓を勤めた。西の丸近侍の者に剣術を指南し、家治の嫡子家基《いえもと》の剣術相手も勤めているので、彼も剣術に秀でていたのだろう。先ほどの噂からすれば、「大ノ通人」であったということだが、これは遊廓《ゆうかく》通いなどをしていたことを指しているようである。

これまでの抜擢人事は、「実躰の方」が多かったという。これは、役人として実直で能力があることを指すのだろう。柳生の場合はそのようには見られていなかったようだが、経歴としては西の丸目付、目付、小普請奉行と順調に昇進してきているから、さほど違いはないように思う。

町奉行となった頃の柳生久通の評判は、「御奉公至って出精《しゅつせい》」というもので、はりきって仕事にあたったらしい。賄賂《わいろ》を嫌い、町人から賄賂をとった家臣の津田市右衛門《つだいちえもん》という者にその日のうちに暇を出している。

しかしまもなく、さんざんな評判となる。まず、私生活のスキャンダルが問題になった。柳生は、もと遊び好きで、今屋敷内にいる妾《しょう》は、赤坂《あかさか》か市ケ谷《いちがや》の遊女だというのである。

旗本が岡場所に通い、女郎を妾にすることは珍しくなかったから、これはそれほどの問題ではなかったが、もっとひどい噂もある。柳生は、当時、奥方を離別していたが、それは奥方が家来の侍と姦通《かんつう》したからで、柳生は「知らぬふりにて侍に暇を出し、其後何となく奥方を離別いたし」たというのである。

職務においても、評判が悪い。裁きの場である白洲《しらす》へ出ても、「衣紋を取り繕い候計《ばかり》にて、さしたる智恵出申さず、只帳面を繰り返しせんさく」している、というのである。つまり、判決にいい智恵が出ないため、着付けを直したりするだけで、ただ調書に書いてあることを繰り返し尋ねるだけだった。この様子を聞き知って、町人は「白洲にては衣紋ノツクロイハ入るまひ、女郎買いとハ違ふ」と嘲《あざけ》っていたという。

町奉行は、幕政の最前線で町人と対峙《たいじ》する重職で、その人物によって町人にも大きな影響が出るから、町人が町奉行を見る目は厳しかったのである。

つまるところ、柳生の評判は、次の文章にまとめられる。

> 柳生は白洲デとかく尋事に行つかへ、又は挨拶ニコマル。何でも年が若イから町奉行ニハねっから移らぬ。中々石河ノ様にきれて出る智恵もなく、何の珍しい捌《さばき》はない。石河今一年勤めたら町方は怪《け》しからずよかろふ。柳生が百年勤めても、石河の一年にも及ぶ事ではない。

――柳生は白洲で、とかく尋問する言葉に詰まり、受け答えに困る。年が若いから、町奉行には初めから適任ではない。なかなか石河のように切れる智恵もなく、注目するような裁きもない。石河があと一年勤めていたら町方はたいへんよかっただろう。柳生が百年勤めても、石河の一年にも及ばないだろう。

町奉行の晴れの舞台である白洲で、とかく尋問する言葉に詰まる、容疑者への対応もよくない、というのでは、確かに町奉行は勤まらない。定信人事だから、「廉直の人」を多く登用しており、柳生のような人も町奉行のような大役に仰せ付けられたのだろう、という観測だったが、前任者の石河政武と比較され、柳生の百年は石河の一年にも及ばないと言われたのでは形無しである。ただ、「年が若イ」とされているが、彼は天明元年に家督を継いだとき、三十七歳だから、このときは四十三歳である。町奉行就任の平均年齢は五十一歳ぐらいだから、それに比べれば確かに若いが、もうテキパキと裁きを行ってもいい年齢である。

ちなみに石河の在職期間はわずか三カ月余りなのだが、親の政朝《まさとも》が六年間町奉行を勤めていたこともあり、評判がよかったようである。「怪しからず」というのは、本来よくないことを言うのだが、たいへんすごいという意味で使われている。

寺社奉行たちも、柳生について、「何でも町奉行を勤る程の人デハないそふでござる」と噂しあっていた。同じ評定所のメンバーからもこのように陰で噂されるようでは、発言も重みを持たない。実際、評定所でも考えを述べるのにも迷い、すぐには決断できず困っていたという。

白洲での失態が続くので、町方の者も柳生に服さず、裁判のときに大いに狼狽《ろうばい》していることを陰で笑いものにしていた。

また、柳生の過去についても、いろいろと噂されている。小姓のときは放蕩《ほうとう》で、城を退出するといつも吉原遊廓へ行きたがり、非番のときには欠かさず行っていた、というのである。ただし、目付になると、さすがに吉原通いはやめたらしい。

柳生の一番の問題は「怪しからずめんみつ（綿密）丁寧」つまり細かすぎることで、念が入りすぎて処理が遅い。そのため訴状などを町奉行所に持ち出すと町方に経費がかかる。老中や若年寄《わかどしより》の前で説明するときも、くわしく話しているようでいて、要領を得ない。今日は評定（三奉行での会議）だ、吟味（裁判）だ、というときにも、俄《にわか》には智恵も才覚も出ず、帳面などを繰るばかりで、「頓知発明《とんち》」ができない。

つまり、町奉行には智恵や才覚がなければならず、重箱の隅をつつくような性格ではとても勤まらない。むしろ、性格的には雑でも、訴訟の本質を見抜き、次々と裁いていくほうが適任とみなされていた。

柳生自身も働きがよくないことは自覚していたようで、三月二十七日、江戸城に召されたときは、「是《これ》は御役御免かと大《おお》いに驚き登城」した。それがそうではなく、先役中の職務に対して褒美が下されるということだったので、大いに喜んで帰宅したという。

これらの噂は、当然、逐一定信の耳に入っている。そのためか、定信は、同八年九月十日、柳生を勘定奉行に異動させた。わずか一年ばかりの在任だった。勘定奉行は町奉行よりも席次は下で、柳生の席は町奉行の次と命じられているが、これは勘定奉行上座とするという計らいだった。

旗本が勤める幕府の役職では、まず第一の大役が町奉行で、次が勘定奉行だった。町奉行は、「事がちいさくても当意即妙の動《はたらき》がなくてハならぬ」と言われる役だから、機転の利かない柳生には荷が重い。しかし勘定奉行は相談相手もあり、その場の取り計らいで済むものではないから、「綿密の人」である柳生は、「成程《なるほど》御勘定奉行ハよかろふ」

という評判だった。

柳生が、勘定奉行上座として京都に遣わされ、禁裏御普請御用を仰せ付けられたのも、「得手《えて》の事でよかろふ」と好評価で、それを見立てて命じた定信も「奇妙に御目利《おめきき》が御上手だ」と賞賛された。

性格が細かすぎて執務に念が入りすぎることが欠点だったが、それが勘定奉行ではよいほうに働くのではないか、という好意的な評価だった。

勘定奉行になってからの柳生については次章で述べるが、その後、柳生は、文化《ぶんか》十四年（一八一七）二月、留守居に異動するまで、実に二十九年にわたって勘定奉行を勤めることになる。これは、松平定信の絶大な信頼があったからだが、本人が勘定奉行の職に適任だったということもあるだろう。

それにしても、絶大な権力を持つはずの町奉行であっても、裁判にまごついたりすると、すぐに町人たちに馬鹿にされるのだから、偉いように見えて、幕府の役人もなかなかたいへんなものだったことがわかる。

三　天国から地獄へ――初鹿野信興

天明八年（一七八八）九月十日、浦賀奉行初鹿野《はじかの》信興《のぶおき》（河内守《かわちのかみ》）が、柳生久通の後任として、町奉行に栄転した。

初鹿野家の家禄《かろく》は千二百石で、浦賀奉行の役料は五百石あったが、出費がかさむ役で極貧の状態だった。それが役高三千石の町奉行に抜擢されたのは、定信の配慮だとされる。

ちなみに、役料とは家禄に加えて支給される役職手当で、役高はその役職の基準となる禄高で、千二百石の初鹿野の場合は、三千石との差額千八百石分の年貢が在職中支給される。これは、八代将軍吉宗《よしむね》の始めた足高《たしだか》の制で、低い家禄の旗本でも要職に任ずることができる人材登用策の一環だった。

信興は、初鹿野家の婿養子で、若い頃は「放蕩元気者」で、養父信彭《のぶちか》も何度か実家へ戻すことを考えるほどだった。しかし、将軍の鷹《たか》狩りで鳥を射止めたり、流鏑馬《やぶさめ》の射手を勤めて褒美を賜《たまわ》るなど、武道では傑出していた。

信興の実父は、かつて町奉行を勤めた依《よ》田《だ》政次《まさつぐ》である。政次は、町奉行ののち大目付、留守居を歴任したが、老中の奥女中がお部屋様の狂言見物にしばしば登城していることを咎《とが》め、隠居に追いやられている。この老中は田沼意次《おきつぐ》だと思われるが、どんな相手にでも規則を貫こうとする姿勢は評判だった。おそらく定信も、政次のことを知っており、この人事になったと思われる。

町奉行になったときの初鹿野の評判は上々だった。

> 初鹿野は、町々にてことの外悦び申し候由。柳生はとかく青表紙《あおびょうし》で諸事を取り計《はから》ひ候へども、町奉行は夫《それ》ではゆかぬ、しかしながら御勘定奉行はその青表紙が随分よかろふと申すさたのよし。

――初鹿野は、町方ではたいへん歓迎しているということです。柳生は、とかく青表紙で諸事を取り計らっていましたが、町奉行はそれでは勤められない。ただし、御勘定奉行はその青表紙流がかえってよいのではないか、と噂されているということです。

「青表紙」というのは当時出版されていた故実書で、表紙が青色の紙だったことでそう呼ばれる。つまり、故実書と首っ引きで政務を行うことを青表紙と評したのである。町方のさまざまな案件を処理するためには、頭が切れなくてはならず、いつも書物を参照するようでは勤まらなかったのである。

初鹿野の町奉行ぶりは、町方の評判を呼んだ。たとえば、それまでの町奉行は、公事《くじ》(民事裁判)のとき、与力《よりき》に吟味させ、申し渡しまで奉行所の腰掛けで待たせていたが、初鹿野はすぐに自分で申し分を聞き、裁きを申し渡したので、町人たちは何もかも御前で済むと喜び、奉行を指して町方では「御前」と呼ぶようになった。これは将軍の呼び名と同じである。

また、町奉行所へ持ち出した公事を内済《ないさい》(示談)で済ますことになり、それを町奉行所へ申し出たところ、初鹿野は「夫《それ》は重畳《ちようじよう》〳〵」と言ったという。それまでの町奉行は「重畳」などと言うことはなかったが、今度の町奉行はそういう言い方をすると町方では大喜びだった。

この初鹿野人気には、「とかく依田の流れ也とて一統帰服仕《つかまつ》り候由」という事情もあった。謹厳実直な依田政次の子どもだということで、町方が帰服する下地があったのである。

ほかにも初鹿野の評判をあげた裁きがある。下町で葬式があり、誤って棺《ひつぎ》を道路に落としたときのことである。気の毒に思った近所の借家人が、遺骸《いがい》を家に入れ湯灌《ゆかん》をして棺を繕ってやった。それを聞いた大家は地面を穢《けが》したと怒り、借家人を追い出そうとした。すると初鹿野は、穢された地面ならいらないだろうと、その土地を借家人に与えた。

また、それまで捨て子があると町人に預けており、病気などになると町奉行所に届けなければならなかった。これがかなりの出費で、また子を捨てると大切にしてもらえることから捨て子があとを絶たなかった。初鹿野はこれを改め、捨て子は町人に預け切りにして公儀からは何の構いもないことにした。この措置もたいへん喜ばれた。

こうして初鹿野は名奉行との評判をとっていったが、一方で寺社奉行といさかいを起こすなど、問題も起こしていた。

寛政元年（一七八九）六月、初鹿野の家来と高力《こうりき》の足軽が喧嘩《けんか》をした。喧嘩と言っても、高力の足軽が初鹿野の家来の挟箱《はさみばこ》に突き当たり、初鹿野の家来がその足軽をさんざんに打擲《ちょうちゃく》し、その足軽が持っていた箱も打ち壊すという一方的なものだった。

「高力」は、三千石の旗本で使番《つかいばん》を勤めていた高力直道《なおみち》だと思われる。その足軽が持っていた箱は注進状（幕府への報告を書いた文書）箱だった。中には注進状が入っており、それに足軽の血が付いていた。初鹿野は、注進状を書き直させ、代わりに城に届けた。するど、目付の曲淵勝二郎が、町奉行の家来が注進状を持参する例はないと言い張り、問題となった。

吟味にあたったのは、同僚の町奉行山村良旺《たかあきら》だった。山村は、依田政次の長女の婿だから、初鹿野の義理の兄にあたる。

山村は、高力の足軽に、「誰にぶたれたという証拠はあるか、証拠はあるまい。大勢寄ってぶたれたから、誰だという見覚えはあるまい」と問い詰めた。

高力の足軽は、仕方なく「提灯《ちょうちん》に見覚えはありますが、六、七十人も寄ってきてぶたれましたので、しかと覚えていません」と答えると、「それ見たか、それならよい」と言って牢《ろう》から出した。

山村は、義弟の初鹿野をかばったのだが、曲淵は、承伏できない、と言い張った。確かに目付の職分であるが、実は曲淵が初鹿野と仲が悪かったためらしい。

事件の顚末《てんまつ》は明らかではないが、この事件を機に初鹿野の評判は失墜した。町方では、この事件について、次のように評判している。

山村、初鹿野共にしくじり申すべき由。山村、初鹿野ハ続柄《つづきがら》も御座候由。山村懸りにて吟味いたし、高力の家来を慮外《りよがい》ものに落とし、初鹿野家来をバ何にも尋ね申さざる由。右の趣書き上げいたし候所、若年寄の内一人承知致さず、且つ又御使番一統にかたまり承知これ無きに付き、町奉行も困り、又々評議仕直し候と申すさた。いづれ初鹿野をバ人々相憎み候よし。すべて御役はじめの評判とは、初鹿野大違ひのよし。

――山村、初鹿野ともにしくじったとのことです。山村と初鹿野は、縁戚《えんせき》でもあるということ、山村の担当で審理し、高力の家来を慮外者と決めつけ、初鹿野の家来には何も尋ねなかったということ、審理の結果を書き上げて伺ったところ、若年寄のうちの一人が承知せず、また御使番は全員一致して承知しなかったため、町奉行も困り、また評議の仕直しをするとのことです。人々は初鹿野を悪者と考えており、町奉行に就任した頃の評判とは大違いだということです。

ほどなくして山村は町奉行を更迭され、御三卿・清水家の家老に転任した。おそらく、身内をかばった裁きが、町奉行にはふさわしくないとされたのだろう。

この人事については、山村にとっては役高五百石減で済んで「千秋万歳大あんど」のものだ、「千俵減らし候《そうらい》ても拝《おがみ》て居《お》らねバならぬ」と評判されている。身内びいきの裁きをするという「陰罪」への処置としては、軽すぎるものだというのがもっぱらの評判だったのである。

初鹿野は、裁きを行ったわけではなかったので町奉行にとどまったが、「初鹿野は思ひの外人望を失ひ候と申し候」とされている。これでは、町奉行の職務が満足に勤められないだろう。

その一方で、町方では火付盗賊改《ひつけとうぞくあらため》の長谷川《はせがわ》平蔵《へいぞう》の評判があがった。平蔵については、のちにくわしく述べるが、初鹿野が奉行所に江戸中の町名主や大家を呼んで物価引き下げを命じたとき、平蔵を同席させている。初鹿野は、平蔵人気にあやかろうとしたのかもしれない。しかし、町方では、逆に、平蔵をぜひ町奉行にしたいと評判している。

寛政三年十二月二十日、初鹿野は、享年四十八で没した。中風の発作ということだが、役筋に不首尾があって切腹したのだという観測もあった。これについては、翌年になって驚くべき噂が流れている。

大判値段を引き下げる触れを出す前日、老中格本多忠籌《ただかず》が、多くの大判を払い下げた。翌日、大判値段の引き下げが仰せ出されたので、換金した町人たちは大損害で、難儀した。町人から苦情を寄せられた初鹿野は、本多のところへ行って難詰したのだという。

あなた様御事、よもや大判直段《ねだん》引下ゲの事、御存じ無きとは申されまじく候。夫《それ》を御存じなき振りにて、昨日御払い成され候は、御役柄に対せられ余り如何しき事。町人共《ども》は利を得候て渡世《とせい》仕り候ものに御座候処《ところ》、余りなる成され方也。

——あなた様が、よもや大判値段引き下げのことをご存じなかったとは言わせませんぞ。それをご存じないふりで、昨日御換金なさったのは、重職にありながらあまりなことです。町人どもは、利益を出すことで生活している者たちでございますのに、あまりな成され方です。

権力ある上司の本多に対して、面と向かって非難したのである。町奉行として、子のように慈しんでいる町人に対し、あまりに理不尽な行動に出たことを本気で怒ったのだろう。本多の行為は、露骨なインサイダー取引であって、現在ならそれだけで罪に問われる話である。

いくら江戸時代が前近代社会であるとはいえ、役人の倫理はそれなりに貫かれていた。先に見た事件では初鹿野をかばった山村でさえ、町奉行のとき、棄捐令《きえんれい》（札差《ふださし》への借金を棒引きする法令）が出る前には、蔵宿《くらやど》（旗本から見た札差のこと）に棒引きになるはずの四百両の借金があったが、「町奉行が借金があるからそれで書付を出した」と評判になっては宜《よろ》しくないと、ほかから四百両の借金をして、わざわざ蔵宿に返済している。

為政者たるもの、これくらいの倫理観はあって当然である。

初鹿野は、本多をさんざん難詰して帰った。しかし、これが結果的にはよくなかった。『よしの冊子』には、この話に続けて次のように書かれている。

その後、何となく本弾侯へ初鹿野付けあしく御ざ候て、御用も不弁利に相成り候に付き、初鹿野大いにふづくみ、切腹仕り候よしのさた。

――その後、初鹿野は何となく本多侯の受けが悪くなり、職務にも差し支えるようになり、初鹿野は大いに困って切腹したという噂です。

初鹿野は、確かに評判通り「猪武者」で、万事に型破りで行き過ぎもあったのかもしれない。しかし、彼の判決や本多への態度は、正義感あふれるものであり、大いに理解できる。それが仇《あだ》になって切腹に追い込まれたのだとしたら、気の毒である。また、こうした評判が耳に入っていながら、本多に対して何の処分も行わなかった定信の姿勢も、理解しがたい。定信は「越中様と本弾侯は水魚の如くにて」と言われるほど本多を信頼していたから、遠慮したのかもしれない。しかし、この態度は定信らしくないと言わざるを得ない。

四　萎縮した金太郎侍――池田長恵

寛政元年（一七八九）九月、形式的には栄転となって御三卿・清水家の家老に追いやられた山村良旺《たかあきら》の後任の町奉行には、京都町奉行から池田長恵《いけだながしげ》（筑後守）が栄転してきた。池田は、京都町奉行としてもよい評判をとっている。京都町奉行の用人（秘書）は、一年に百両ぐらい、取次は四十両ぐらいの賄賂が懐に入る。しかし、池田の取次は、江戸の懇意の知人への手紙で、「去年からたった三両にしかならない。あまりに喜んで行ったが、その甲斐《かい》がない」とぼやいていたという。

池田は、「金太郎」のあだ名を持つ乱暴者でもあった。九百石の家禄だが、実父は岡山藩の支藩である生坂《いくさか》藩主池田政晴《まさはる》で毛並みがよく、分家旗本・池田家に婿養子に入った。養父政倫《まさとも》は、堺奉行、大目付を歴任している。裕福な家の出身だけに、それほど金には執着せず、家来にも賄賂などを取らせなかったのだろう。

天明八年（一七八八）正月三十日、京都大火のため御所が炎上し、天皇が上賀茂《かみがも》神社に避難した。このときの池田の措置は、抜群だった。

こうした場合、天皇の感謝の意は関白、京都所司代、老中を経て将軍に伝えられる。将軍の耳に入ることを「上聴《じょうちょう》に達する」と言い、それ自体がたいへんな栄誉である。翌年京都に出張した老中松平定信は、上聴に達したことを池田に伝えた。定信が山村の後任に池田を思い起こしたのも、じかに池田に接したことがあったからだろう。

しかし翌年六月頃には、町奉行に栄転したというのに、池田の様子がおかしくなった。めっきり元気がなくなり、ため息ばかりついているのである。

あるとき、江戸城から同席の人（芙蓉間《ふようのま》席の役人）と退出したとき、その道すがら、池田はため息をついて言った。

「私も長くは勤まりますまい」

「それはどういうことでございますか」

「いや私どもの御役は、日々御老中方へ御指示を仰ぐものでございますが、西下《せいか》（松平定信）をはじめそのほか御一統の方々に対してまで不首尾で、とくと御相談申し上げることもできない状態です。これではなかなか町奉行は相勤まりません」

これについて『よしの冊子』には、池田の様子を聞いた役人たちの次のような評言が書き留められている。


全躰《ぜんたい》池田は、金太郎小僧と仇名を取り候程の気丈ものの処、早く立身致し、しくじってはならぬと至って相恐れ臆病《おくびよう》に相成り候に付き、自然と西下初め思し召し宜《よろ》しからざる様相成り候に付き、池田はますます相恐れ、申し上げ候事もぐずぐ致し候に付き、益《ますます》御対話の節、上の御機嫌がわるいであらふ。しかしむごい事だ。実に池田がいけずバ格別、臆病計《ばかり》ならバ上から御引きたて成《なさ》れ候様に成《なさ》れたなら、又々気丈をも出すであらふ。惣躰御役人は御老中方の首尾がよいと、元気が十倍して御奉公も出精いたし、御老中方の付けがわるいと、暫時衰へて埒《らち》が明かぬはならしての事じゃ。夫《それ》に構はぬ人ならバ、余程勝れた人じゃと沙汰仕り候由。

——そもそも池田は、金太郎小僧とあだ名をとるほどの気丈者だったのに、早く出世し、しくじってはならぬと至って上を恐れ、臆病になったので、自然と西下らのウケは宜しくなく、池田はますます恐れ、申し上げることもぐずぐず致すので対話のときには上の機嫌が悪いだろう。しかし、むごいことだ。本当に池田がだめなら別だが、ただ臆病だということなら、上から御引き立てなさるようにされれば、またまた元気を出すだろう。そうじて御役人は、御老中方の首尾がよいと元気が十倍して御奉公にも出精し、ウケが悪いとしだいに衰えて埒があかなくなるのは誰でも同じことだ。上のウケを気にしないのは、よほど勝れた人じゃ。

これは、上司の心得として現在にも通じるものであろう。

またあるとき、三奉行の寄合の際、何か上から指示があった。池田は、小声で「これはなま面白い（くだらない）事だ」とささやいた。公事方勘定奉行の曲淵景漸は同意して笑ったが、曲淵の同役根岸鎮衛《やすもり》は、きっとなって池田を決めつけた。

「筑後殿（池田）、その御詞《おことば》は受け取れませぬ。御政治の事を奉行職の者がなま面白いなどと密《ひそ》かに申しては相済みませぬ。もし御異論がおありなら、何度でも申し上げるのが御奉行職というものでござります」

これには、池田も弱って、いろいろ弁解してようやくおさまったという。万事がこの調子だったので、池田は、ますます萎縮《いしゆく》していった。

これを見てある人が、池田に助言した。

「くしゃみをしたぐらいのことも上へ報告されるから、そのように気をもまれるのはわかるが、なにそれにかまうことはない。こちらさえ明々白々なら、何を言上されたところで少しも怖がることはない」

こまかに告げ口のようなことをする者もおり、また励ます者もいる。江戸城での役人生活も骨が折れたようである。

池田の様子を見ていた松平定信は、彼を呼んで諭したらしい。

池田筑後を西下へ御呼び成され、因果を御ふくめ成され候哉《か》、殊《こと》の外元気出、埒《らち》明き、吟味向《むき》至極宜しきと沙汰仕り候由。

——池田を定信が呼び、因果を御含めなさったのだろうか、たいへんに元気が出て勤めぶりがよくなり、裁きも至極よくなったと噂されているということです。

推測ではあるが、定信が池田を呼び、萎縮せずに考え通りに思い切ってやるように諭したものと思われる。そのため池田も元気が出、裁きがたいへんよくなったと評判された。

この年十一月には、将軍家斉《いえなり》初めての吹上《ふきあげ》での公事上聴《くじじょうちょう》（将軍が三奉行の裁判を見ること）で裁判を行い、褒美として時服三領を賜るという栄誉にもあずかった。

しかし、問題がないわけでもなかった。町人の訴訟で、金を借りた者をいじめるというのである。

当時、「買請証文《かいうけ》」で出訴する者が多かった。「買請証文」とは、返済が滞った借金証文を安値で買い取ったもので、その買請証文を証拠に奉行所に訴え出ることで、額面全額をせしめようというブローカーがいたのである。

池田は、それをそのまま信じて、債務者に厳しい判決を出したのである。最初から借り倒そうとして一向に金を返さない者と、買請証文で出訴された者とは、吟味すればすぐわかるだろうに、というのが周囲の評判である。もと大名のお坊ちゃんで毛並みがいいだけに、そのあたりの庶民の行動や感覚にはうとかったのかもしれない。

池田は、寛政七年六月まで六年間に及んで町奉行を勤め、大目付に栄転した。もともと京都火災のときの働きを見込まれて栄転してきた人材である。それにもかかわらず、彼を生かすも殺すも上司である定信の態度一つで決まったのである。

第五章　勘定奉行と勘定所役人

勘定奉行《かんじょうぶぎょう》は、役高三千石、定員四人である。よく現在の財務大臣にたとえられるが、勘定奉行の職務は、幕府財政を担当するだけではなく、関八州の刑事・民事の裁判も行う。遠国《おんごく》奉行が置かれていない全国の幕領の訴訟も勘定奉行の管轄である。

勘定奉行四人のうち、二人は公事《くじ》方、二人は勝手《かって》方と担当が分かれていた。公事方は裁判を扱い、評定所《ひょうじょうしょ》の構成員でもある。勝手方は、財政を扱う。こちらが現在の財務大臣である。勝手方には、おもにノンキャリア勘定所役人の最高ポストである勘定吟味役《ぎんみやく》が置かれた。勘定吟味役は職務に精通しており、奉行と同等の権限を持たされた。

松平定信が老中首座《ろうじゅうしゅざ》になった天明七年（一七八七）六月、勘定奉行は、公事方が柘植《つげ》正寔《まさたね》と久世《くぜ》広民《ひろたみ》、勝手方が青山成存《あおやまなりすみ》だった。同年七月一日、勝手方に根岸鎮衛《ねぎしやすもり》が補充され、四人体制に復したが、八月、久世が勝手方に異動し、十一月、青山が御三卿《ごさんきょう》・田安家の家老に転出したので、公事方は柘植一人、勝手方が根岸と久世の二人となった。

翌天明八年七月、柘植が御三卿・清水家の家老に転出し、根岸が公事方に異動、十一月には小普請組《こぶしんぐみ》支配の曲淵景漸《まがりぶちかげつぐ》が公事方勘定奉行となり、公事方は二人体制に復した。曲淵は、すでに述べたように町奉行経験者である。

勝手方は、天明八年五月、久世に加えて佐渡《さど》奉行久保田政邦《くぼたまさくに》が補充され、同年九月には、柳生久通《やぎゅうひさみち》が町奉行から異動してきて、上座とされた。寛政四年（一七九二）閏《うるう》二月には、久保田の後任として日光《にっこう》奉行佐橋佳如《さばせよしゆき》が昇進した。

一　御三卿・清水家を改革――柘植正寔

天明八年（一七八八）七月二十五日、勘定奉行柘植正寔は、清水家の家老に異動になった。

清水家は、九代将軍家重《いえしげ》の二男重好《しげよし》が立てた家で、十万石の領地が支給されている。しかし、家老や番頭《ばんとう》・用人《ようにん》など上級家臣はすべて旗本からの出向で、出向した旗本は、家禄《かろく》に加え、清水家から俸禄が支給される。御三卿の家老には、勘定奉行や町奉行などの要職を勤めた旗本が就任した。柘植の場合は、家禄千五百石のほか、清水家から二千俵の役料が支給されることになる。

柘植は、「御見出しにて清水御家老仰せ付けられ」とされているので、定信の抜擢《ばってき》人事だったことがわかる。経歴を見ると、十七歳で家督を相続し、二十四歳のとき、西の丸小姓組番士《こしょうぐみばんし》に召し出され、以後、徒頭《かちがしら》、目付《めつけ》を経て佐渡奉行となり、長崎奉行、作事奉行、勘定奉行を歴任している。

金山のある佐渡の奉行、貿易を司《つかさど》る長崎奉行、江戸城の営繕を担当する作事奉行、そして幕府財政を預かる勘定奉行を勤めているから、財政方面でのエキスパートだったと考えられる。清水家家老就任時は五十四歳である。

清水家家老を命じられた翌日、柘植は、清水家屋敷の庭を案内され、それから家臣の住む長屋の通りにもまわった。長屋を見ながら柘植は、

「この御長屋にはどのくらい（の身分）からどのくらいの家臣が住んでいるのか。以前から、どのくらいの家臣がこの御上屋敷に住居し、どのくらいの家臣が御下屋敷に住居と決まっているのか」

と案内の用人に尋ねた。

用人はそれを知らなかったので、部下の役人に聞いたところ、彼らもまったく知らなかった。柘植は、腹を立て、「それくらいのことを知らないで、役目が勤まるか」と怒り、それから細かく吟味したという。

また、当番の日に勤務に出、家老部屋にすわった柘植は、部屋付きの坊主に何も言わず、ふと部屋を出て、廊下を通って勘定所に行った。そして、そのあたりに取りちらかしている書類を手に取り、「これはどうなっている。これはどうだ」と質問を始めた。これには清水家勘定奉行も閉口して、大いに困ったという。

定信の抜擢だったため、先任の家老岡部《おかべ》一徳《かずのり》も、柘植に対し手を突き、「万事これより御頼み申す」と平伏《ひれふ》したという。これでは岡部が新参のようだ、と言われている。

当時、清水家で幅をきかせていたのは、勘定奉行の長尾《ながお》幸兵衛《こうべえ》という者だった。もと代官手代という身分から清水家へ召し出され、当時の清水家勘定奉行本間《ほんま》権右衛《ごんえ》門《もん》に取り入って段々昇進した。代官手代と言えば、民間からの登用だから、もとは農民だったかもしれない。しかし、その分、世間を知っており、役に立つ。

清水家の勘定所役人としての地位を得た長尾は、本間の死後、清水家の勘定奉行にまで取り立てられた。

清水家勘定奉行になってからの長尾の働きはめざましく、清水家の政治向きはすべて長尾に聞き合わせなければならないというようになり、長尾が言うことは何でも通るようになった。

家老の岡部も、「幸兵衛がエエといふならエエ」と言っていたという。いかにも飾り物の家老の言いそうなことである。

柘植が調べたところ、清水家の財政には五、六万両も使途不明金があった。そのうち三万両は、老中田沼意次《おきつぐ》に献金していた。その理由として、次の記述は注目に値する。


清水様を何とヤラかとやらいたし度《たく》と、先御代御大変之時分田沼を拵《こしら》へ申し候《そうろう》と申す沙汰御座《ござ》候由《よし》。

——清水様を何とやらしたいものだと、前の将軍家治《いえはる》がたいへんの時期に、田沼に工作したという噂もあるようです。

ぼかした文章であるが、「先御代御大変」とは、十代将軍家治が危篤に陥ったことを指すから、そのとき、「清水様を何とヤラかとやらいたし度」というのは、清水家当主重好を次期将軍に立てようとしたことにほかならない。それを実現するため、田沼に工作した、ということである。

ただ、天明元年には、一橋《ひとつばし》豊千代（のちの十一代将軍家斉《いえなり》）が家治の御養君になっているから、事実かどうかはわからないが、重好は家治の弟だけに、まったくのデマとも思えない。

ただしそれは三万両のことで、まだ二、三万両の使途不明金がある。領地を治める経費は幕府持ちだったから、清水家には年貢分の金だけが入る。いきおいその家政は、長く清水家に仕える長尾のような家臣が好き勝手に動かすようになっていたのである。さすがにこれだけの大金を長尾が着服したわけではないだろうが、その放漫な財政を咎《とが》められ、長尾は罷免された。

定信が、長く幕府財政に関わってきた柘植を清水家に送り込んだのも、こうした清水家の伏魔殿《ふくまでん》的な様子が漏れ聞こえていたからであろう。

家老の岡部は、翌年九月、西の丸留守居という閑職に追いやられ、後任には町奉行の山村良旺《たかあきら》が就任した。山村が清水家家老に異動したのは、すでに述べた通り、町奉行のときの失敗が原因である。

二　型破りの豪傑——根岸鎮衛

松平定信が老中になってすぐに抜擢され、寛政改革の時代を通じて勘定奉行を勤めた根岸鎮衛《ねぎしやすもり》は、たたき上げの役人である。

実家は、館林《たてばやし》家臣から幕臣になった安生《あんじょう》家で、父定洪《さだひろ》は御徒《おかち》から代官に昇進した。ちなみに館林家は、三代将軍家光の四男綱吉が立てた家で、綱吉が五代将軍となると、家臣は幕臣に編入された。

安生家を継いだ兄直之《なおゆき》は、勘定に登用され、評定所留役を勤め、大坂破損奉行、蔵奉行を経て船手にまで昇進した。

二男の鎮衛は根岸家に養子に出た。根岸家は、甲府家臣から幕臣になり、代々勘定所に勤めていた家である。甲府家は六代将軍家宣《いえのぶ》を出した家である。

鎮衛は、根岸家の当主衛規《もりのり》の臨終のときに養子となったとされているから、おそらく跡継ぎのいない根岸家に、勘定所のつながりで急遽《きゆうきよ》養子とされたものだろう。

鎮衛は、二十三歳で根岸家を継ぐと、すぐに蔵米百五十俵で勘定に召し出された。勘定となった鎮衛は、上司の勘定奉行小野日向守《おのひゆうがのかみ》（一吉《くによし》）に、代官に転出させてほしいと願った。

しかし小野は、「御代官は勤《つとむ》る物でない。おれが見立《みたて》てやらふ」と諭した。人物を見込んだ小野は、苦労の多い代官より、能力が発揮でき出世が見込める役に登用してやろうと考えたのである。

小野の言葉通り鎮衛は、五年後の宝暦十三年（一七六三）二月には評定所留役になり、明和五年（一七六八）十二月には勘定組頭に昇進した。

小野は、館林家臣から幕臣となり、大奥進物取次上番、表火番、徒目付を経て御目見え以上である勘定に昇進、その後、代官、勘定吟味役を経て勘定奉行に出世したやはりたたき上げの役人である。そうした経歴を持つ小野だからこそ、鎮衛を取り立ててやろうと考えたのかもしれない。

その後、鎮衛は、安永五年（一七七六）十一月に勘定吟味役、天明四年（一七八四）三月に佐渡奉行（五十俵加増）と昇進を重ね、同七年七月には勘定奉行（三百石加増）にまで出世した。鎮衛は五十一歳になっていた。

鎮衛は豪傑風の男で、佐渡奉行のときも、大風で船が危なく家来たちがみな真っ青な顔をして吐いているのを尻目《しりめ》に、鉢巻きをして弁当などを食べ、少しも弛《ゆる》んだところはなかったという。

勘定奉行になっても、上へのつまらない配慮などはせず、提出する書類にも、「かふやらかして置」などと書き、評定所留役にも「かうしなさい」と言い、本来の重々しい奉行のようではないが、なかなかよいと評判されている。

鎮衛が出世したのは田沼意次が老中の時代だったから、松平定信が老中首座になると、地位が危なかったはずである。しかし、勝手方（財政担当）から公事方（裁判担当）へ異動になっただけで済んだ。

鎮衛もそのあたりのところは心得ていたようで、「自分は人の讒言《ざんげん》にあって、白河侯（定信）の思し召《おぼ》しに背くだろうと存じていた」と述懐している。

これは、かつて賄賂《わいろ》を取ったことが発覚しそうになったことを言っているようである。

天明八年八月頃に次のような記事がある。

根岸、先年賄賂を取り候事《こと》御座候処《ところ》、先達中《せんだってちゅう》、その事発覚致しそふであぶない、とさた仕《つかまつ》り候由。

――根岸は、先年賄賂を取ったことがあったところ、せんだって、「その事が発覚致しそうであぶない」と言ったということです。

そして、「公事方への異動になったから、しくじらないように控えめにせねばならぬ」と自戒していたらしい。

ところがその鎮衛の裁判は、時代劇にあるようなものだった。次の言葉は、天明八年八月頃、幕領で逮捕した大盗人六人に対してのものである。

我等《われら》が悪事は大躰極《きま》り申し候事故《ゆえ》、何れも命はなきに極《きま》ったが、この上にも白状致さずば、いよいよ石を抱かせ苦痛を致させる。その上に牢に遣わしても、罪の極まらぬ内は難儀をいたす。とても一命もなきものだから、有りの儘《まま》に白状をいたせ。有りの儘に申さば石も抱かせず、牢へ遣《つかわ》し候《そうらい》ても、罪極れば少しも楽な所に差し置くが、どふだ。

――おまえたちの悪事はだいたい判明したから、誰も命はないものと決まったが、この上白状しなければ、石を抱かせ苦痛を与える。そのうえ、牢に遣わしても罪の決まらぬうちは難儀するだろう。どうせ一命はないものだから、ありのままに白状いたせ。そうすれば石も抱かせず、牢に送っても罪が決まっているから少しでも楽なところへ差し置いてやるが、どうだ。

この言葉に六人は、「ハイ、夫《それ》は有りがたいことでござります」と全員ことごとく白状したという。

上の者に対する根岸の態度も、秀逸だった。同じ頃、代官の宮村孫左衛門《みやむらまござえもん》の引き負い(年貢が徴収できないためにできた負債)の件を根岸が担当したとき、若年寄《わかどしより》本多忠籌《ただかず》は、根岸にこう釘《くぎ》を刺した。

「宮村孫左衛門が私に懇意な者だからと言って、糺《ただ》し方に遠慮があっては甚だ宜しくない。十分に相糺すように」

すると根岸は、こう答えた。

「それはお言葉とは思えません。御代官は、私共の支配ですから、子のように存じております。なるだけは引き負いなども償わせ、無難に勤められるようにしたいと心がけております。やむをえざる事情で引き負いが嵩《かさ》んで、表向きになって吟味になった日には、あなた様の御懇意の者でございましても、いささかも遠慮はいたしません」

これを聞いて、本多は大笑いしたという。

おそらく本多は、逆説的に、宮村は自分に懇意の者だから手心を加えるように、と言おうとしたのだろう。それに対し根岸は、吟味になったら遠慮しないと言いながら、内実は、表向きにならないようにしたい、と答えているのである。

こうした根岸が、上の受けがいいのは当然である。

鎮衛は、公事沙汰《くじざた》、すなわち民事裁判においても、庶民の評判がよかった。寛政元年（一七八九）十月頃には、次のように評判されている。

根岸評判、在々《ざいざい》にても至って宜しく、早く済み、殊《こと》に御慈悲深い有りがたい御奉行だと申し候よし。宿屋共は永く懸り候が売買の為に宜しく候へ共《ども》、是《これ》も利口にて、馴染みの定宿などは、曲淵の月番《つきばん》へ百姓共出候ても、とてもの事に来月根岸様へ御出成されと申し候程のよし。上州辺より金公事《かねくじ》持ち出し候処、留役むづかしく吟味もつれ候処、根岸一裁許にて内済に申し付け候由、右躰の事、百姓は別して有りがたがり候よし。

――根岸の評判は、村々でもたいへんよく、裁判が早く済み、たいへん御慈悲深いありがたい奉行だと言っているとのこと。訴訟に出てくる百姓が逗留《とうりゅう》する宿屋は、裁判が長くかかるほうがいいのだが、これもよくわかっていて、馴染みになった定宿などは、曲淵が月番のときに百姓が出てきても、「曲淵様へ行ったら埒《らち》が明かないので、来月まで待って根岸様に出訴なされるのがよい」と親身に助言するほどである。上州（群馬県）あたりの百姓が金公事（金銭トラブルの訴訟）を持ち出したところ、評定所留役がむずかしく言って裁判がもつれていたところ、根岸がすばやく裁いて示談を命じたということ、このようなことを百姓はたいへんありがたがっているということです。

幕府直轄領の裁判は、刑事・民事ともに公事方勘定奉行の管轄である。出訴する者は、江戸浅草《あさくさ》辺にある「公事宿《くじやど》」という訴訟に出てきた百姓向けの旅館に逗留する。裁判が長くかかると、宿泊費や食費のためにたいへんなお金がかかる。だから、裁判は短く済むのがいい。公事宿の主人は、幕府の裁判に精通しており、現在の弁護士のような役割を果たしていた。その公事宿の主人も、曲淵様ではなく、根岸様に出訴したほうがいいと助言したのである。このように、鎮衛は公事方でも評判がよく、町奉行が欠員になったときはいつも候補にあがった。

ただし、たたき上げのためか定信のときには登用されず、寛政十年十一月になってようやく町奉行となった。六十二歳という老齢の就任だが、公事巧者（裁判の達人）で下々の事情にも通じており、文化十二年（一八一五）に没するまで十七年間も町奉行を勤めた。

鎮衛は、もともとは御勝手巧者（財政の達人）として勝手方勘定奉行にまで登りつめ、その後は公事方勘定奉行、町奉行を歴任した。わずか百五十俵のいわば最下層の旗本だった鎮衛の昇進を見ていると、やはり勤務の中で発揮される能力や人物が重要な意味を持っていたことがわかる。

鎮衛のような豪傑は、旗本の中では型破りなものだっただろうが、そうでなければ下々を相手にする仕事はできない。十七年も町奉行を勤めたことを見ると、やはり余人をもって代え難いということだったのだろう。ちなみに江戸の市井のさまざまな出来事を書き留めた『耳袋』は、この鎮衛の著書である。

三　御城が家より好き――柳生久通

天明八年（一七八八）九月十日、町奉行から勘定奉行上座に異動した柳生久通《やぎゅうひさみち》は、禁裏御普請御用掛《がかり》として京都に出張を命じられた。

このときの柳生の評判も、町奉行のときと同様、あまりよろしくない。禁裏普請に関して、町人たちから入札させたときのことである。

ある町人が、「あなた様の通りに成され候てハ、此御普請ハ御一生出来申さず」と申し立てた。

柳生が、「夫《それ》はいかに」と尋ねたところ、その町人は次のように言う。

「百両で入札しましたが、だいたいどこも百両の入札ならば、御決断を仰せ付けられるのが宜しくございます。あなた様のように、まだ安いのがあろうとか、この中で請け負い人がいくらで受けるだろうとか、いつまでも御穿鑿《ごせんさく》ばかりなさって御決断がございませんでは、御普請が出来ることはございますまい」

柳生は、結局、その町人に受注させたが、京都での評判は次のようなものだった。

わるくしたならバ、其ものに又だまされ様《よう》、いづれにも関東へ召しかへして、御用掛御免なさるであらふと京都にてさた仕り候由。

——悪くすれば、その町人にまた欺《だま》され、結局江戸に召還され、御用掛を免職になるであろうと、京都では噂しているということです。

話が細かく、決断力がない。職務に精通していて入札価格に注文を付けているなら、町人も従うしかないが、あまりよくわからないでぐずぐず言うだけでは、足下を見透かされて、逆に開き直られるのである。周囲は、下手をすれば柳生がその町人にだまされ、御役御免になるのではないか、ともっぱら評判していた。

京都に赴任していたときは、部下の御勘定・佐橋佐市《さはしさいち》が切腹するという大事件があった。柳生は、大工頭《だいくがしら》と共謀した不正があると噂されていた佐橋の担当を外した。佐橋は、それをたいへん屈辱に思い、「面目がない」と言って切腹したのだという。周囲では次のように評判された。

奉行より内々にて、其許《そこもと》には風聞がわるいから、夫《それ》を消すために掛り替《がえ》を申し付ると内意御ざ候ハバ佐市も感服仕るべき処、寝耳に水に掛り替申し渡され候に付き、ことの外《ほか》憤り切腹いたし、跡式も願ハぬと書置等仕り候由。奉行も行届《いきとどか》ぬと評判仕り候由。

――奉行から内々に、「そこもとは悪い噂があるから、それを消すために担当を替える」と告げれば、佐市も感服しただろうに、寝耳に水に担当替えを申し渡されたので、たいへん憤って切腹し、跡目相続も願わないと書き置きなどをしたということ。奉行のやり方も行き届かないと評判されているということです。

慎重に扱わなければならない案件を、噂だけで拙速の処置をしたことが批判されたのである。真相は不明だが、当時の武士は命よりも面子《メンツ》を重んじていたことがわかる事件である。

江戸に帰ってからは、勘定奉行上座として職務に専念し、定信の受けが非常によかった。寛政二年（一七九〇）三月頃には、次のように評判されている。

西下《せいか》にては人に格別御気に入り候と申す人はこれ無く候処、如何いたし候事や、柳生一人はことの外御気に入り、柳生申し候事をバ至極能《よ》く御聞き入れなされ候由。

――定信には、特に御気に入ったという人はいないのだが、どうしたことか、柳生一人はたいへん御気に入り、柳生が申すことを、たいへんよく御聞き入れなさるということです。

たとえば、評定所留役の万年《まんねん》と羽田《はねだ》両人の格式について、根岸鎮衛ら勘定奉行一統が前の年からたびたび願い出ていたのだが、定信はまったく承知しようとしなかった。そこで、京都から帰ってきた柳生に頼んで上申してもらったところ、すぐに許可が下りた。「それほど首尾のよいのは、不思議じゃ」ともっぱら噂されたほどだった。

しかし、問題があった。とにかく仕事熱心で、御城からの退出時間が遅いのである。

部下の御勘定は、奉行が帰らないので退出することもできず、いつも日が暮れてから家に帰ることを強いられた。

勘定所の役人は、みな「この日の長いに、毎日毎日暮れてかへるはばからしい。日勤でこれでは続かぬ。今までにない事だ。何があのように御用が有るか」と愚痴を言うようになった。この状態はずっと続き、八月頃になっても、柳生はなかなか御城から退出せず、部下たちが難儀していた。

近代以降と違い、江戸時代の役人の勤務は、八つ（午後二時頃）の太鼓が鳴ると終わるというものだった。しかし、柳生のいる勘定所役人の退出時間は、七つ半過ぎに及ぶようになった。六つが日暮れだから、城を出るともう日が傾いている。遠方から通う者などは、道が真っ暗となり、従者一人しか連れていないので、提灯《ちょうちん》の持ち手がなく、難儀した。

この状況を、『よしの冊子』は、次のように書いている。


尤《もっと》も右の通りに遅くまで御勘定所に詰め居り候ても、八ツを打候《うち》へバ、銘々帰り度《たき》心を起こし、奉行の退出を待ち候のみにて、さして御用の埒明け候ためにも有り成り申さず候由。掛かり合いの御用御座候ものは、たとへ奉行帰り候ても、自分は居残り出精《しゆつせい》致し候事のよし。当時は柳生めったには帰り申さず候に付き、一統に遅く相成《あいな》り候に付き、甚だ嘆息仕り候由。

——もっとも、そのように長く勘定所に詰めていても、八つを打つと、みな帰りたいと思い、奉行が退出するのを待つだけで、さして仕事をするわけではない。逆に、担当の仕事がある者は、奉行が帰っても自分は居残って、一生懸命仕事をする。今は、柳生がめったに帰らないので、みなの退出が遅くなり、甚だ嘆息している、ということだ。

勘定奉行久世《くぜ》広民《ひろたみ》も、脇から、「もうよかろふ」と毎日催促するのだが、柳生は「アイアイ」と言うだけで、とかく終わるのを渋る。

勘定吟味役の佐久間《さくま》茂之《しげゆき》は、「アレハ何の御用のためにもならぬで、人の難儀になる。わるい事だがしかたがない」と陰で批判しながらあきらめ顔だった。

寛政四年、定信は、久世へ、「暑気のときなどは、御勘定所も早めに仕事を終えたほうがいい」と勧めた。久世から定信の言葉を話したところ、柳生は臍《へそ》を曲げてしまってその日は特に遅くまで御城に残り、その後もそれまで通り遅くまで仕事をしていたという。

こうした柳生については、次のように評判されている。

全体柳生は、奥を数年勤め候故《ゆえ》、御城をバ内《うち》の様《よう》に存じ、外《ほか》のものの様に宅へ帰りたがり申さざる由。右故《みぎゆえ》一統に嘆息、御直《おじき》に柳生へさしづたらよかろふと申し候よしのさた。

――だいたい柳生は、中奥を数年勤めていたから、御城を家のように思い、ほかの者のように家へ帰りたがってはいないということだ。そのため、勘定所の役人はみな嘆息し、定信様も直接柳生へ指図したらいいのに、と言っているということです。

柳生は、不義を働いた妻を離縁したあと、市ヶ谷の芸者を妾《しょう》として屋敷に入れていた。この女性は強い人だったようで、「右女、甚だ権を 恣《ほしいまま》 にして、柳生も一句も出申さざる程に御ざ候よし。柳生は鬼に瘤をとられた。仕合せじゃ」と評判されている。しかし、その妾は、寛政二年三月に死去し、今は一人、部屋（側室）がいるという境遇だった。仕事熱心ではあったのだろうが、家に帰ってもさほど楽しみもなかったのかもしれない。

四　人々が感服する能吏――久世広民

久世広民は、下総関宿藩《しもうさせきやど》主久世家の分家で、三千石を知行《ちぎょう》する名門である。寛延《かんえん》二年（一七四九）、十八歳で家督を継ぎ、火事場見廻《みまわり》、使番《つかいばん》を経て小普請支配となり、安永三年（一七七四）には浦賀奉行に転じた。同四年、長崎奉行、天明四年（一七八四）三月には勘定奉行に昇進した。このとき、五十三歳である。

天明七年八月、久世は、公事方から勝手方に異動になった。裁判を扱う公事方よりは財政を扱う勝手方のほうが上席であるが、苦労も多い。

『よしの冊子』の寛政元年（一七八九）五月には、「久世丹後守はことの外嘆息仕り、いっそ公事方にでも成りたい」と言っているという記事が出てくる。事情は、次のようなものだった。

色々なる事御勘定所に起り、一躰《いったい》才略も行き届き申さず、御勝手向きは不鍛錬成る事、上より御尋ね等御座候節、漸《ようや》く御受けをも申し上げ候次第、退出も人より遅く難渋仕り候由、いっそ公事方に成りたいと嘆息仕り候よし。

――「いろいろなことが勘定所に起こるが、まったく自分の能力不足で、財政向きには精通していない、上から御尋ねがあるときも、どうにか御返答しているような次第で、御城から退出するのも人より遅く、難儀している、いっそ公事方に復帰したい」と嘆息しているということです。

「色々なる事御勘定所に起り」というのは、御所普請のため京都に派遣されていた佐橋佐市が切腹したことを指すのだろう。問題は柳生久通にあったが、同じ勘定所内のことだから、久世も困惑していた。

その上、まだ職務に慣れていないので、定信からいろいろなことを尋ねられても満足には答えられず、ため息ばかりが出るという様子だったのである。

寛政元年六月二日には、御勘定福島又四郎《ふくしままたしろう》が罪に問われたとき、「(奉行の)広民も等閑《なおざり》のはからひありし」(『寛政重修諸家譜』)とされ、一カ月間、拝謁を止められた。部下の不正にも責任を問われるのである。

しかし、この年六月二十日からは、長崎貿易については久世一人で担当するよう命じられ、十一月七日には職務精励を賞され、時服三領、黄金七枚を拝領した。久世の勤めぶり自体は、高く評価されたのである。翌二年十一月には、五百石の加増も受けている。これは異例のことである。

翌三年七月にも、東海道《とうかいどう》と甲斐国の川々普請の成功などにより、時服五領、羽織一領を拝領している。そして、翌四年三月十日からは、関東郡代を兼任するよう命じられた。これは、定信が久世を深く信頼するようになったことを示している。『よしの冊子』でも、この人事については次のような評判を書き留めている。

久世は大役、去りながら規模なる事とさた仕り候由。久世、一躰人に憎まれ申さず、一統に相服し候に付き、百姓方も思ひ付き宜しく候半《そうらわん》と人々感服仕り候由。久世は書物もよめ、算は至って上手のよし。馬も上手、已前《いぜん》至って放蕩も致し候に付き、人情にも委《くわ》しく大才子也とさた仕り候由。

――久世は大役だが、その門地にふさわしいと噂されています。久世は、人に憎まれる性格ではなく、みな帰服しており、百姓などもお考えの仕方がよいと感服しているということです。久世は、漢籍なども読め、算術には精通しており、乗馬も上手、かつては放蕩もしていたので、人情にも通じ、たいへんな才子だと噂されています。

本人は不本意だったかもしれないが、キャリアの幕臣で算術に通じた者はそれほどいないので、勝手方勘定奉行には余人をもって代え難いという存在だったのである。そのうえ、人もよく、乗馬もうまいとあっては、部下や庶民が帰服するのはもっともである。
しかし、勘定奉行所の中には、彼の足を引っ張ろうという者もいた。本来は久世の両腕となって働くはずの勘定吟味役、大林親用《おおばやしちかもち》と佐久間茂之《さくましげゆき》である。

久世丹後は上向き首尾至って宜しく御ざ候処、大林、佐久間など色々背中へ針をさしたがり、馬喰町《ばくろちょう》御郡代屋敷普請の事などに付き、種々せこを入レ候よし。久世は面倒がり、どふでもよいと申し居り候由。全躰大林などは、始終久世をも押し倒し、自分御郡代に成り度《たき》微意の由。久世は此節は余程弱り候躰にて、どふぞ早く二、三年も勤め候て、番頭にでも成りたいと、内々心安き人と嘆息致し居り候よしのさた。

――久世は上司の評判がよいが、大林や佐久間などはいろいろと足を引っ張りたく思っており、馬喰町にある郡代屋敷普請のことなどについてさまざまに口を出し、久世は面倒がってどうでもいいと言っているということです。だいたい大林などは、かねて久世を引きずりおろして、自分が郡代になりたいという気持ちもあると言われています。久世は、最近はだいぶ困り、どうかあと二、三年も勤め、番頭にでもなりたい、と内々に親しい人に話し、嘆息しているということです。

老中や若年寄の幕閣は、久世を高く評価していたが、部下の勘定吟味役、大林親用や佐久間茂之は、久世の失脚を願っていた。「色々背中へ針をさしたがり」というのはおもしろい表現である。背後から上司を刺そうということなのだろう。刀ではなく、針というところに、チクチクといじめている様子がうかがえる。

三千五百石の大旗本である久世にしてみれば、苦労の多い勘定奉行などより、格式が高くそれほどの仕事はない番頭などになったほうが、よほど楽でいい、と感じていたのだろう。もちろん、突然、異動を命じられたとしたら、それはそれでプライドを傷つけられたかもしれないが、三千石以上の旗本にとって一番名誉なのは、書院番頭《しょいんばんがしら》や小姓組《こしょうぐみ》番頭《ばんがしら》といった軍司令官の役職なのである。

久世を押し倒そうとしている大林は、表右筆《ゆうひつ》から勘定に登用され、一橋家の用人に出向、一橋家の番頭、西の丸裏門番頭を経て、天明八年五月、勘定吟味役になっている。家禄は蔵米百五十俵という低いものである。

もう一人の佐久間は、普請役（勘定所が雇う下級役人）という低い身分から勤務を始めている。その後、禁裏御入用取調役を勤め、働きが認められて勘定になり、勘定組頭を経て、寛政二年三月、勘定吟味役となっている。家禄は、勘定吟味役になったとき、ようやく蔵米百俵である。

勘定吟味役は、役高五百石、役料三百俵だから、たとえば大林なら、勤務中、役高五百石と蔵米百五十俵（知行百五十石に相当）との差額、つまり三百五十石の知行から徴収する年貢と、三百俵の役料が支給される。しかし、三千五百石の久世にくらべれば、はるかに軽い身分であり、低い収入だった。

どちらもたたき上げのノンキャリアで、職務には精通していたが、成り上がり者だけにキャリア組への反感があり、また出世への願望も強かったようである。

久世は、その後も定信に信頼され、寛政五年正月には、伊豆・駿河《するが》・相模《さがみ》・武蔵・安《あ》房《わ》・上総《かずさ》・下総《しもうさ》などの海岸の巡視を命じられ、三月には定信に同行してこれらの地を案内した。これは、ロシア船来航などによって危機感を持った定信が行った沿岸防備のための調査の一環である。

彼が、ようやく希望した番頭になったのは、同九年六月のことで、年齢はすでに六十六歳になっていた。最初は西の丸小姓組番頭、同年十月には本丸の小姓組番頭に転じた。

五　上をだます勘定吟味役——佐久間茂之

勘定奉行久世広民の足を引っ張っていた佐久間茂之の名は、『よしの冊子』寛政元年（一七八九）九月頃の記事に、「御勘定組頭小笠原三九郎、佐久間甚八（茂之）の両人は、艱苦《かんく》をなめ候男ゆへ、万事巧者行き届き宜しき由」と出てくる。

能吏だったようである。すでに見たように、もともと普請役から勘定となったという経歴の者で、自分の禄米はわずか三十俵の小禄である。

ところが、寛政二年三月二十二日には、勘定吟味役に抜擢された。

定信は、佐久間の能吏ぶりを買っていて、「柳生、佐久間でなければ夜が明けぬ」というほど信頼しており、定信のお声がかりでこの抜擢人事になったようである。

奉行などは、彼が普請役のときには「甚八、甚八」と呼び捨てにしており、それが突然、自分と肩を並べる勘定吟味役になったので、複雑な気持ちだった。

いわんや、先を越された者たちの不満は、たいへんなものである。

勘定組頭の若林市左衛門《わかばやしいちざえもん》などは、この人事を聞いて、「おれらは一向御用にたたぬものと見へた。勤むる張り合いもない」と立腹していた。勘定所の役人は、みなこの人事に不満で、佐久間を憎み、奉行でさえいい気持ちではないようだった。

佐久間は、これまで不思議に上の者の受けがよく、ここまで引き上げてもらっていたのだった。しかし、「あいつは松本、赤井をも能《よ》くだましたが、今度は上を入れて西下をよくよく説き落とした。上手《じょうず》には叶《かな》はぬ」などと言う者もいた。

なかなか食えない男なのである。

また寛政二年八月頃、勘定奉行と勘定吟味役が列座して政務を議したときのことである。

議題は、火付盗賊改《ひつけとうぞくあらため》長谷川平蔵《へいぞう》からの懸合《かけあい》の評議に移った。のちに述べるように、平蔵は上役の受けがよくなかったから、この懸合も、一統からさんざんに批判され、不承知となりかかった。

すると上座の柳生が、

「越中（定信）殿も、平蔵が精を出しているといわっしゃるから、一、二条は平蔵の顔を立ててやるのもよかろう」

と言った。平蔵の職務精励ぶりは定信からも評価されており、柳生はそれに免じて平蔵のやりたいことを少しは認めてやろうと持ちかけたのである。列座していたものは、なるほど、と同意したが、佐久間だけは反対で、次のように申したてた。

私儀は御見出しにてか様に仰せ付けられ候事故、自分に臍落《へそおち》仕らず候事を、曲げ候て承知とは申し難く候。もし皆様御不同心に候はば、私計《ばかり》は一存を以て難渋の趣、申し達すべし。

――私は、御見出しでこの役を命じられておりますので、自分の腑《ふ》に落ちないことは、考えを曲げて承知したとは申し難いです。もし皆様が私の考えに同意していただけないのなら、私だけは自分の一存で反対であるということを、御老中に報告いたします。

「御見出し」とは、この頃はやっていた言葉で、抜擢人事のことである。特に、定信から認められて大役に命じられたことを含意している。そういう上の信頼を受けている者だからこそ、自分の考えをあくまで主張することが将軍への奉公だという理屈である。

上座の柳生が言うことに正面から反対したのだから、いい度胸である。しかし、さすがに、「これは佐久間が言うのが正しいが、しかしながら佐久間も、定信の信頼が厚いから、それを笠《かさ》に着て恐れずその理屈を言ったのだ。そうでなければ、それほどの屁理《へり》屈《くつ》は人の中では言えないだろう」と、評判が悪かった。

「佐久間が言うのが正しい」というのは、自分の腑に落ちないことは同意できず、反対意見を上に申し上げる、という論理のことを言っていて、佐久間の意見がもっともだというわけではない。定信の受けがいいのを笠に着て、屁理屈を言って自分の意見を通そうとする佐久間は、周囲から煙たがられていたのである。

佐久間の評価は、「人を讒言するような男ではないが、君子というような者でもなく、現在はとかく人にかれこれと悪く言われている」というものだった。しかし、定信が佐久間を買っているから、役人たちは佐久間を誹《そし》ることもなく、立てている、ということだった。

寛政四年六月頃には、佐久間が長崎奉行に昇進するかもしれない、という噂もあった。これについては、さすがに「しかしながらあまりだ。よもや佐久間には仰せ付けられそふもない物じゃ」と言われた。いくら佐久間に能力があるからと言って、普請役あがりが長崎奉行のような顕職に任じられることはないだろう、というのが大方の観測だった。

一方で、「しかし佐久間が西下を能々《よくよく》御だまし申して置くから、ひょっとしたならば長崎へ行くもしれぬ」などと言うものもいた。何と言っても奇妙に上の受けがいい佐久間だけに、その可能性は否定できなかったのである。

佐久間が長崎奉行になることは、さすがになかった。しかし、勘定吟味役の大役を勤めつづけ、寛政八年十月二十五日、在職中に没した。

第六章　江戸の機動隊、火付盗賊改

火付盗賊改《ひつけとうぞくあらため》は江戸の放火犯や盗賊を取り締まる役職で、御先手頭《おさきてがしら》のうちから選ばれて勤めた。町奉行所にはあまり警察力がなかったから、御先手組を率いる火付盗賊改は、今で言えば機動隊である。捕らえた放火犯や盗賊は、火付盗賊改の役宅で裁き、それを老中に上申する。この限りでは、町奉行と同等の権限を持った。

時代劇などでは略して「火盗改《かとうあらため》」などというが、火付盗賊改の役名ができるのは文久二年（一八六二）十二月のことであり、この頃は御先手頭の役に加えて任じられるから、「加役《かやく》」と言った。加役には、一年を通じて勤める加役本役《ほんやく》のほか、放火犯の多い冬季にもう一人が任じられた。これを「当分《とうぶん》加役」という。

定信が老中首座《ろうじゆうしゆざ》になった天明七年（一七八七）、加役は堀帯刀《ほりたてわき》だった。天明七年九月、御先手弓頭長谷川平蔵《はせがわへいぞう》が当分加役となった。翌年四月、平蔵は当分加役を許されたが、十月から堀に代わって加役本役となった。

平蔵のライバルは、天明八年冬から当分加役に任じられた松平左金吾《さきんご》である。左金吾は寛政四年（一七九二）春まで当分加役を勤め、四年冬には太田運八郎《おおたうんぱちろう》が新しく命じられた。

一　母のために昇進を厭う――堀帯刀

堀帯刀は、諱《いみな》を秀隆《ひでたか》といい、千五百石の旗本である。豊臣秀吉《とよとみひでよし》のとき、越後を与えられた堀秀政《ひでまさ》の分家旗本のようだが、その堀家とは関係ない。

祖父秀雪《ひでゆき》は陪臣だったが、五代将軍綱吉の母桂昌院《けいしょういん》に仕え、蔵米二百俵から千五百石にまで加増され、桂昌院死後は寄合に列している。つまり桂昌院取り立ての旗本である。

秀隆は、小姓組番士《こしょうぐみばんし》から御徒頭《おかちがしら》、目付《めつけ》と進み、天明元年（一七八一）八月二十日、御先鉄砲頭となった。この年十月から翌年四月、当分加役を勤め、同五年十一月からは加役本役となる。

天明八年九月二十日、奈良奉行小出有乗《こいでありのり》が没し、堀がその後任にという評判が立った。この下馬評に対し、堀は次のように言っていたという。

今度奈良奉行が明《あ》いたそふだから、もし御繰り上げで自分などが仰せ付けらるであらふなどと世上で評判をするそふだが、おれハ極老の母が有るから、もし遠国《おんごく》奉行にでも成りたら母が大躰歓《よろこ》んでは有るまい。どふぞ母の為だから、遠国奉行は御沙汰のない様にしたい物じゃ。

――今度奈良奉行が空席になり、御繰り上げで自分などが命じられるだろうと世間で評判しているそうだが、おれは極老の母がいるから、もし遠国奉行にでもなったら母がおおかた喜ばないだろう。どうか母の為だから、遠国奉行には命じられないようにしたいものだ。

老いた母のために、江戸を離れたくない、と考えていたのである。このとき、堀は五十二歳だから、母は七十歳ぐらいだっただろうか。旗本の誰もが出世を望んでいたというわけでもないのである。

堀は目付を勤め、加役もすでに三年勤めているから、遠国奉行が空席になると、いつも候補にあがっていた。

この月末には、堀が駿府《すんぷ》町奉行かという憶測も流れた。ちょうどこの頃、幕府の役職に空席が多くでき、何は誰だろう、彼は何役だろう、と殿中が騒がしくなっていたのである。

堀は、加役を免じられ、御持筒頭《おもちづつがしら》になった。この人事については、次のように評判されている。

堀帯刀（秀隆）は、御先手同役にても、アノ男は一躰正直ナものだが、用人《ようにん》がわるいからおのづから世上の評判がわるい。しかしながらそれに合わせては、御役席は結構に仰せ付けられて先ず有りがたいことだ。御役免でもしかたのない事だと評判申し候由《そうろうよし》。

――堀は御先手の同僚からも、「あの男はまったく正直な者だが、用人が悪いから自然と世間の評判が悪い。しかしながら、それを考えれば、御役席は結構に命じられてまずはありがたいことだ。御役免でも仕方のない事だ」と評判されているということです。

御持筒頭（御持頭ともいう）は、御先手頭と同じく役高千五百石だが、席次は御先手頭より上だから「御役席は結構に仰せ付けられ」たというのだろう。ただし、閑職だから、左遷に近い。

この人事に対して、堀は、懇意の人を訪れて、次のように言ってたいへんありがたがっていたということだった。

扨々《さてさて》有りがたい事だ。自分は遠国は望ここれ無きにつき。何卒《なにとぞ》当地にて少しも御役《おやく》替《がえ》これ有るようにと心願に候処《そうろうところ》、御持頭に相成《あいな》る事、願《ねごう》た通り也。

——さてさてありがたい事だ。自分は遠国奉行は望んでいなかったので、なんとか江戸で御役替えがあるようにと内心願っていたが、御持頭になったことは願った通りだ。

一方では、この人事はむごいという者もいた。繁忙で持ち出しも多い加役を何年も勤めながら、御持筒頭では勤めた甲斐《かい》がないということなのだろう。しかも、用人は悪人だという評価が一般的だったが、堀はたいへん人がいいと誰もが認めていたのである。堀自身も、諸大夫役《しょだいぶやく》には任じられると思っていて、残念がっていた、という噂もある。

そこで、「ひさしく加役本役を勤めた人なのだから、近年のうちに新番頭にでもぜひなってほしい」という人もいた。

新番頭は、役高二千石で、布衣《ほい》役である。大番頭は一万石程度の大名、両番頭（小姓《こしょう》組《ぐみ》番頭・書院番頭）は高禄《こうろく》の旗本がなることが多いが、新番頭はそれよりもかなり格が低いので、堀が仰せ付けられる可能性もあった。

しかし堀は、御持筒頭のまま、寛政五年（一七九三）三月九日、死去した。享年五十七歳だった。

この堀のあとを受けて加役本役になったのが、池波正太郎《いけなみしょうたろう》氏の小説『鬼平犯科帳《おにへいはんかちょう》』で有名な鬼平こと長谷川平蔵である。

二　江戸町人に大人気——長谷川平蔵

長谷川平蔵は諱を宣以《のぶため》という。四百石の両番家筋の旗本の家に生まれ、父宣雄《のぶお》は京都町奉行まで勤めている。西の丸書院番士から西の丸徒頭、御先弓頭と昇進し、天明七年（一七八七）九月、当分加役に任じられた。

平蔵の加役就任は定信の人事であるが、「長谷川平蔵がヤウナものをどふして加役に仰せ付けられ候や」と当初は評判が悪かった。

しかし、実際に勤めはじめるとなかなかよく働き、翌年には「勤方宜《よろし》キ」ということで褒美まで賜った。加役本役の堀帯刀には何の沙汰《さた》もなかったので、これでは堀の勤め方が悪いように見える、と噂されている。

この頃の平蔵の評判は、次のようなものだった。

加役長谷川平蔵は姦物《かんぶつ》と申し候サタ。しかし御時《おじ》節柄《せつがら》をよく呑み込み候哉《か》、諸事物ノ入《いら》ヌ様に取り計らひ候由に付き、町方にてもことの外悦《ほかよろこ》び候由。

——加役に命じられた長谷川平蔵は姦物という噂があります。しかし、御時節柄をよく理解しているのか、諸事出費がないように取り計らっているため、町方にてもたいへん悦んでいるということです。

平蔵は、それまで「姦物」だとされていた。しかし、町方に物入りがないように加役の仕事を改めたから、ずいぶん評判がよくなった。

「諸事物ノ入ヌ様に」というのは、たとえば町方で盗賊を召し捕らえたとき、自身番所に置くと町内の物入りになる。そこで平蔵は、その晩のうちに自分の屋敷に連行するよう指示した。町方の者が盗賊を連れていくと、早速門を開け、盗賊を受け取り、町方の者には休息するようにと言って茶やたばこを出してもてなしたのである。

翌年四月、平蔵は当分加役を免じられた。評判がよかっただけに残念だっただろうが、十月には今度は加役本役を命じられた。平蔵は、得意満面だった。

加役長谷川平蔵、出精《しゆつせい》相勤め候由。高慢をする事が好《すき》にて、何もかもおれがくと申し候由。此節《このせつ》も、おれが当春の加役か、おれが勤《つとめ》の方がよかったから、おれに本役を仰せ付けられたと申し候由。

――加役長谷川平蔵は出精して勤めているということ。自慢することが好きで、何もかもおれがおれがと申していること。今回も、「おれが当春の加役か、おれの勤めのほうがよかったから、おれに本役を仰せ付けられた」と言ったということです。

一方、当分加役には、寄合（上位の旗本で無役の者）の松平左金吾《さきんご》が任じられた。左金吾は松平定信の縁戚《えんせき》にあたり、登場当初は、たいへん評判がよかった。そのため、平蔵は、本役になってからは左金吾と言い争いをしてやり込められ、評判も今ひとつだったが、町方の者への対し方がよく、大盗賊などを次々と捕らえていったので、次第に評判があがっていった。

寛政元年（一七八九）四月には、次のような様子だった。

長谷川、先達中《せんだつてちゆう》はさして評判宜《よろ》しからず候所《ところ》、奇妙に町方にても受け宜しく、西下《せいか》も平蔵ならばと申し候様に相成り候よし。町々にても、平蔵様〳〵と嬉しがり候由。

――長谷川、先頃はさして評判がよくなかったが、奇妙に町方で受けがよく、定信も「平蔵ならば」と言うようになったということです。町々にても、「平蔵様、平蔵様」と嬉しがっているということです。

平蔵は、自分の借金が増えるのは少しも厭《いと》わず、部下の与力《よりき》・同心《どうしん》には酒食を与えて喜ばせ、町方の者が夜中などに盗賊を連れてくればすぐに受け取り、蕎麦《そば》などを振る舞った。冷や飯に茶漬けなどでは誰も喜ばないが、ちょっと蕎麦屋に人を遣わして蕎麦を振る舞ってやれば、町人はご馳走《ちそう》になった気がして恐れ入り、またありがたがった。こうして江戸の町人は、「平蔵様、平蔵様」と慕うようになったのである。

また、定信までが「平蔵ならば」と言ったというのは注目すべきである。平蔵の働きは、人を見る目が厳しい定信でさえ認めるものだった。

父は京都町奉行になっているから、平蔵も京都町奉行や大坂町奉行などの遠国奉行になることは可能だったはずである。いや平蔵の望みはもっと大きく、ねらうのは町奉行だった。この頃平蔵は、次のようにも評判されている。

平蔵は、加役にて功をたて、是非町奉行に相成り候積《つも》りの由。一躰の人物は宜しからず候へども、才略は御ざ候よし。

——平蔵は、加役にて功をたて、ぜひ町奉行になろうというつもりだということです。人物はよくないが、才略はあるということです。

「人物は宜しからず」というのは、高慢をするとか、策略家だという評判のことを言っているようだが、それほど悪い人には思えない。しかし、彼には、この評判がついて回った。能力は誰もが認めるもので、実際、平蔵の働きは町奉行以上のものだった。

長谷川平蔵至って精勤、町々大悦びの由。今でははせ川が町奉行の様にて、町奉行が加役の様に相成り、町奉行大へこみの由。何もかも長谷川に先《せ》ンをとられ、是《これ》では叶《かな》はぬと申し候由。町奉行も今迄と違ひ、平蔵に対しても出精して勤めねばならぬ様に相成り、諸事心を付け候と申すさたのよし。町奉行もとかく平蔵へ聞き入れ候位《くらい》の振合《ふりあい》のよし。

――長谷川平蔵はたいへん精勤し、町々では大悦びだということ。今では長谷川が町奉行のようで、町奉行が加役のようになり、町奉行は大へこみだということです。何もかも長谷川に先をとられ、これではかなわぬと申しているということです。町奉行も今までと違い、平蔵に対しても出精して勤めなければならないようになり、諸事気をつけているということです。町奉行が何かにつけ平蔵へ問い合わせするような関係になったということです。

平蔵自身も、これを自慢に思い、この頃次のように広言していたという。

おれは書物もよめず、何にも知らぬ男だが、町奉行の事と加役の事は、生得《しようとく》ゑてたほふだ。今の町奉行は何の役に立たぬ。町奉行はア、したものではない。いか様ナ悪党が有《あり》ても、町奉行や又外《ほか》の加役を勤《つとめ》たものは、其《その》悪党を独外《ひとりほか》はつかまへぬが、おれは根から葉から吟味仕出す。夫《それ》だとてぶったり押いたりしてせめはせぬ。自然と出る仕かたが有る。町奉行の様に石を抱かせ、色々の拷問にあげて白状させる事はせぬ。

——おれは書物もよめず、何にも知らぬ男だが、町奉行の事と加役の事は、生まれつき得意なほうだ。今の町奉行は何の役にも立たぬ。町奉行はあのようなものではない。どんな悪党がいても、町奉行やまた外の加役を勤めたものは、その悪党だけしか捕まえないが、おれは根から葉から吟味をする。だからといって、ぶったり押したりして責めはしない。自然と白状させる仕方がある。町奉行の様に石を抱かせ、いろいろの拷問にあげて白状させることはしない。

悪党の捕らえ方、また白状のさせ方は、確かに平蔵一流のものがあったようである。「書物もよめず」というのは、漢籍などの素養がないことを言ったもので、若い頃はあまり学問をせず、住まいの本所あたりで不良同士つるんで遊んでいた。しかし、そのことによって下情に通じることにもなり、また父について京都に行き、京都町奉行の用人勤めをしていたから、裁判のやり方にも熟練していた。

チャンスは、この年のうちに訪れた。寛政元年九月七日、町奉行山村良旺《たかあきら》が清水家家老に転出したのである。平蔵は内心声がかかるのを期待していたが、跡役（後任）には京都町奉行・池田《いけだ》長恵《ながしげ》が栄転してきた。


長谷川平蔵は町奉行を望ミ居り候処、池田になられ鼻を明かし申すべきよし。

――長谷川平蔵は町奉行を望んでいたが、池田になられて鼻を明かされたということです。


平蔵が町奉行を望んでいることは、周知のことだった。それが池田になったので鼻を明かされたということだが、少し悪意も感じられる噂である。おそらく、平蔵が高慢することを、快く思わない者が多かったのだろう。

しかし、平蔵は、この後も職務に精励した。数多くの盗賊を捕らえ、寛政二年には無《む》宿《しゅく》（戸籍を失った浮浪者）の授産施設である人足寄場《にんそくよせば》の設立を建議し、定信から認められた。

人足寄場は、犯罪者予備軍である無宿を強制収容し、労働に従事させ、それを通じて手に職を付けさせ、独立させようとするものである。寄場では、中沢道二《なかざわどうに》の心学の講義なども行われた。

悪事を働いた者を捕らえて極刑に処すのではなく、犯罪を予防し、それらの人々をまともな社会人にしようというのだから、前近代においては画期的な施設である。こうした発想は、平蔵でなければ出てこなかっただろう。

寛政三年十二月二十日、初鹿野《はじかの》信興《のぶおき》が死去して町奉行が空席になると、平蔵が下馬評にあがった。

しかし、町奉行は平蔵という噂はすぐに消え、目付の中川忠英《ただてる》か勘定奉行根岸鎮衛《やすもり》だろうという噂がたった。根岸はありそうな話だが、中川は小普請組頭のときから能吏として評判がよかったにしても、まだ目付だからいくら何でもありえない。

翌年正月十八日、町奉行は、大坂町奉行小田切直年《なおとし》に決まった。長谷川がだめだった理由は、次のように言われている。

江戸町奉行は御目付を勤めぬものはならぬ。長谷川は決してならぬとさた仕り候よし。

——町奉行は御目付を勤めていない者には命じられない。長谷川は決してならぬと言われたということです。

わずかな例外はあるにせよ、確かに町奉行は目付経験者が遠国奉行経験を経て任じられている。しかし、平蔵は、加役で十分な実績を積んでいる。このため、次のような声もあった。

不自由なる事を例にいふたものだ。其任に叶ふたら、何からでも仰せ付けられてよさそふナ物じや。

——不自由なことを例にあげたものだ。その任にかなう者がいれば、どの役からでも任じられてもよさそうなものだ。

まったくその通りであろう。ただし、火付盗賊改から町奉行への昇進というのは先例がないから、町奉行に昇進しなかったのはやむをえない。

しかし遠国奉行なら順当な人事である。そうなれば、小田切のように大坂町奉行で経験を積んで町奉行に昇進という道も開けた。小田切も、目付は勤めていないのである。しかし平蔵を認めていたはずの定信は、そうした人事を行わなかった。

平蔵は、私費まで投じて人足寄場の運営が軌道に乗るよう努力したため、借金もかさんでいた。このとき、「アレも責めて大坂へでも行ずバ腰が抜けよふ」と同情されている。

小田切が町奉行になったことで、平蔵は心底落胆したらしい。せめて彼の後任として大坂町奉行にでも昇進すればよかったのだが、その沙汰もなかった。『よしの冊子』の次の記事は、真実味がある。

長谷川平蔵転役も仕らず、いか程出精仕り候ても何の御さたこれ無く候に付き、大《おおい》に嘆息いたし、まうおれも力がぬけ果《はて》た。しかし越中殿の御詞《おことば》が涙のこぼれるほど忝《かたじけ》ないから、夫計《そればかり》を力に勤《つとむ》る外には何の目当もない。是ではまう酒計《ばかり》を呑み死ぬであらふと、大に嘆息、同役などへ咄《はな》し合い候よしのさた。

——長谷川平蔵転役もなく、どれほど出精しても昇進の御沙汰がないので、大いに嘆息し、「もうおれも力がぬけ果てた。しかし越中殿の御詞が涙のこぼれるほどありがたいから、それだけを力に勤める外には何の目当てもない。これではもう酒ばかりを呑《の》んで死ぬだろう」と、大いに嘆息、同役などへ話し合っているということです。

さすがの平蔵も、このときの人事は堪《こた》えたのである。努力して勤めても昇進の沙汰がないため、平蔵もやる気を失っていた。町方でも、平蔵への同情の声が起こっていた。

アレ程の御人に御褒美御加増も下されぬは余りナ事だ。公儀も能《よ》くない。何ぞ褒美が有りそふナものだ。尤《もっと》も外へ御転役では跡が有るまい。永く今の御役を御勤め成され候様にしたいものだ。

――あれほどの御人に御褒美も御加増も下されぬのは余りなことだ。幕府もよくない。何か褒美がありそうなものだ。もっとも外へ御転役すると後任が見つかるまい。長く今の御役を御勤めなされるようにしたいものだ。

「御役人の方にてハ、とかく長谷川をバ憎み候て、彼是《かれこれ》申し候由」と、長谷川は周囲から憎まれていた。これが、転役も加増もない理由だったただろう。

同年六月には、人足寄場取扱の役も御免となった。これまでの勤めに対する褒美として金五枚が与えられたが、町方では、「アレ程骨を折た者を、御加増か御役替でも有そふナもの、かわいそふに五枚計ではむごい」と噂した。

平蔵の能力は誰もが認めるものだった。しかし、町方一統が平蔵に帰服し、「どふぞ町奉行ニしたいと願ひ居り候由」とまで評判していただけに嫉妬《しっと》され、もともと高慢だった平蔵が上司から疎まれたのかもしれない。

平蔵が姦物であるとか銭相場に手を出したとかの噂も、昇進を阻む口実となったようである。平蔵は、人足寄場のために銭を大量に買い、そのため銭相場が高騰していたのである。

平蔵は火付盗賊改の仕事があまりにはまり役だったため、以後寛政七年に至るまで八年間にわたって加役本役を勤めつづけることになる。平蔵の家柄なら大坂町奉行や京都町奉行に昇進しても不思議はないのだが、余人をもって代え難いということでその機会を逸したとも言える。平蔵のためには残念なことだった。

三　定信との関係を自慢する自信家——松平左金吾

長谷川平蔵と加役本役の座を競ったのは、松平左金吾《まつだいらさきんご》である。諱は定寅《さだとら》で、伊予松山藩や陸奥《むつ》白河藩の分家旗本である。初代定賓《さだざね》が多病により大名とならず、その子定之《さだゆき》の代に二千石の旗本となった。代々、寄合となる旗本中の名門である。老中首座松平定信は白河藩主なので、同じ一門である。

天明八年（一七八八）九月二十八日、先手頭に任じられた左金吾は、十月六日には火付盗賊改兼帯を命じられた。冬季だけの当分加役（一時的な兼任）である。本役は前年当分加役だった長谷川平蔵が任じられた。

左金吾の評判は上々だった。

松平左金吾は西下へ御由緒の人なれども、アノ人はとふからアノ位《くらい》には成りそふナ人だ、御先手では不足ナ位だと申し候て、少しも西下の御由緒で出た人だとはさた仕り候者御座無く、とふから出うちナ人だと申し候由。

――松平左金吾は定信と一門の関係にある人だが、あの人はとっくにあのくらいにはなりそうな人だ、御先手では不足なぐらいだと言われ、少しも定信の縁で出た人だと言う人もなく、とっくに出るべき人だと言われています。

左金吾は、五つ時前に役所に出勤した者には、炊き出しをして朝食を出した。加役を勤めているときは四十人扶持《ぶち》が下されるが、必要な経費も多く、こんなことをしていては物入りでたいへんだろう、しかし御本家がよいから根が丈夫だ、などと噂されている。ずいぶん昔に分かれた家であっても、江戸時代では本家と分家のつながりは強い。本家の松山藩からの援助も期待できたのだろう。

左金吾は、平蔵に輪をかけた自信家だった。しかも気が強い。左金吾が当分加役に任じられた日、殿中で平蔵が、「火事場へは陣笠《じんがさ》をかぶっていき、頭巾《ずきん》はかぶらないことになっている。左様心得ておかれよ」と告げたところ、次のように答えた。

「それは公儀から仰せ出されたことですか」

「そうではないが、本役・加役の申し合わせです」

「それなら私は頭巾をかぶりましょう。公儀から仰せ出されて、しかとした書付があればそれに従いますが、同役の申し合わせなら、自分の好きなほうにしたほうがいい」

あっけにとられた平蔵は、「ともかくも（どうにでも）」としか答えられなかった。

この勢いに押されたのか左金吾の評判はよかった。

長谷川は追縦《ついしょう》ものにて一向文盲の由。中々左金吾殿とは一トロ《くち》にいふ人ではない。どふして左金吾に太刀打ちが成るものか。殿中で言い合うたといふ沙汰が有るが、どふして何の一トロにもきかれる事ではない。まあ初日から頭巾と笠との事で言いこめられたから、あれで言納《ことばおさめ》だらふ。

――長谷川は追従者で、まったく漢籍も読めないということ。なかなか左金吾殿と同列に論じられる人ではない。どうして左金吾に太刀打ちができるものか。殿中で言い合いしたという噂があるが、平蔵が左金吾に同等の口がきかれるものではない。まあ初日から頭巾と笠との事で言いこめられたから、あれで終わりだろう。

平蔵が「追縦もの」だというのは、田沼の時代、江戸に火事があって田沼の屋敷が類焼した際、長谷川が駆けつけて家族を避難させたことを指す。避難先には有名ブランドである鈴木越後の菓子まで届け、田沼もどうしてこれほど気が回るのか、と驚いたらしい。これが結果的には平蔵の評判を落としていた。そのためか、左金吾には平蔵はとうてい太刀打ちできないだろう、と言われた。左金吾がそのうち町奉行になるだろうと観測する者までいた。

しかし、左金吾の勤めぶりは厳しすぎ、そのうえいろいろとむずかしいことを言うので、次第に評判が落ちていった。

左金吾、先達中は至って評判宜しく候処、アマリ厳し過ぎ候上むつかしく御ざ候とて、当時は却って評判あしき由。西下も大分不首尾に成《なつ》たそふじゃと申し候サタ。

――左金吾、以前はたいへん評判がよかったが、あまり厳し過ぎる上にむずかしいことを言うので、今はかえって評判が悪いということ。定信の評価もだいぶ下がったそうだという噂があります。

厳格なのはいいのだが、左金吾は杓子《しゃくし》定規すぎた。たとえば、左金吾の組与力に、どうしたことか十手《じって》を盗まれた者がいた。それを届けたところ、左金吾は激怒し、「これは御支配方へ申し上げずば成るまい」と平蔵に相談した。すると平蔵は、せせら笑って言った。

「そのようなことがどうして申し上げられるものか。考えても見よ。それよりも大切な公儀の御道具をさへ、番をしながら盗まれるではないか。人を打つときに取られたならまだしも、盗まれたのは仕方がない。人に取られても、多勢に無勢ならば取られないとも言えない。御届けできることではない」

組与力が十手を盗まれるのは、警察官が拳銃《けんじゅう》を奪われたようなものである。それを内々に済まそうとするのは、現代の感覚ではあまりよいことではない。しかし、江戸時代においては、こうした落ち度を届ければ、処分は非常に厳しいものとなる。この場合は、おそらく召し放ち（解職）となっただろう。

それを見越した平蔵が、ただ怒りに任せて若年寄《わかどしより》に届けようとする左金吾をたしなめたのである。部下にとっては、融通がきくありがたい上司だった。

翌九年、平蔵は次々と強盗や放火犯を検挙し名をあげ、左金吾は「かげもかたちもこれなきよし」と言われている。六月には、左金吾が当分加役を免じられた。一方の平蔵は、今では長谷川が町奉行のようだとまで評判されている。

しかし、左金吾の鼻息は荒く、次のように平蔵を批判している。

平蔵はめったに火付や夜盗を捕《とら》へて、それを御仕置にスルをめったに自慢にするが、あれは当座の功といふものだ。その火付盗賊のない様にするが本《ほ》ンの事だ。たとへバ巾着を切り、又ハ少しの盗みをする内に早く捕れバ、世上も穏か、其盗賊も軽罪で済《すむ》から、本ンの政道といふものだ。長谷川の様に盗賊張本計《ちょうほんばかり》を捕ふるは、政の本末を取失《とりうしの》ふた事だろふ。張本にならぬ内に捕ふるがホんの事だ。

――平蔵はやたらに火付や夜盗を捕らえて処罰するのを自慢にしているが、あれは当座の功というものだ。その火付や盗賊がないようにするのが本筋だ。たとえばスリや少しの盗みをしているうちに捕らえれば、世の中は穏やかでその盗賊も軽罪で済むから、本当の政道というものだ。長谷川のように盗賊の首魁《しゅかい》ばかりを捕らえるのは、政治の本末を取り違えたことだろう。そのようにならないうちに捕らえるのが本当だ。

ただし、これに続けて「と高慢理屈申し候よし」と書かれている。負け惜しみの屁理《へり》屈《くつ》であることは誰の目にも明らかだった。左金吾は、次の冬にも当分加役に任じられた。

平蔵には差をつけられたとはいえ、それなりに職務に励んだからだろう。

平蔵への対抗心からか、左金吾は、同役中の寄合で、やたらに「越中、越中」と言うようになった。越中とは言うまでもなく松平定信のことである。定信の親戚であることをひけらかし、なにか役向きで問題があると、「越中に内々に話してみよう」などと言うのである。時の権力者である老中首座を笠にきるので、同役はやりにくくてしかたがない。

あるときなどは、左金吾が同役の家を訪問した際、「これは西下（定信）の御手製だ」と言って鰹《かつお》の塩辛を差し出した。

しかし、定信の領地である白河藩に海はない。これを聞いた者は、「西下でどうして鰹の塩辛などができるものか、左金吾殿もやっぱりひからせるのだろう。西下への献残（贈物の残り）でももらったものだろうが、それを御手製と話をこしらえたのだろう」と噂しあっている。

左金吾が定信の存在を光らせて越中と言うたびに、その態度に眉《まゆ》をひそめる者は多く、評判は落ちていった。しかも、あまり職務の先例を知らず、筋違いのことを主張したりする。

たとえば老中が登城するとき、与力たちは薄縁《うすべり》の上でつま先立ちでいることになっていた。それを左金吾は見苦しいと言い、土下座するよう主張したが、先例では御三家《ごさんけ》の登城以外土下座はしないことになっていた。おそらく、定信に気に入られようとそういう主張をしたのであろう。こうした所作は、古くから受け継がれてきた先例がすべてである。そのような知識もなく、ただ定信を笠に着て口をきく左金吾は、「此人も余り深い智恵の有る人ではないそふナ」と評判されるようになった。

家柄もよく、最初は町奉行にもと期待された左金吾だったが、結局は過激な性格と定信を笠に着る発言のため、当分加役に何度か任じられただけで、それ以上に昇進の声がかかることはなかった。

四　平蔵の毒気に当てられる――太田資同

寛政四年（一七九二）九月四日、松平左金吾に代わって当分加役に任じられたのは、太田《おおた》運八郎資同《すけあつ》である。

三千石の大身《たいしん》旗本で、天明六年（一七八六）九月四日、跡目を継ぎ、同八年六月十四日、火事場見廻《みまわり》を命じられた。寛政三年正月十一日、御使番《おつかいばん》となり、火事場見廻を兼ねた。同四年八月六日、御先鉄砲頭となり、冬には加役を命じられた。太田については、次のように噂されている。

太田運八郎加役仰せ付けられ候処、長谷川平蔵至《いた》っていじめ、何を問い合わせ候ても色々むづかしく申し、伝達仕り候趣も日々違ひ候由。全躰太田は、西の丸は目付と存じられ候に付き、御先手仰せ付けられ望みを失ひ候処、少々加役にて元気を得申し候へバ、又々長谷川ことの外にいじめ、家来も猶更六《むつ》かしくいじめ候に付き、大《おお》によはり、引っ込み申すべくなどと嘆息仕り候よしのさた。

――太田運八郎が加役を命じられたところ、長谷川平蔵がたいへんいじめ、何を問い合わせてもいろいろとむずかしく言い、伝達される内容も日々違っているということです。だいたい太田は、西の丸の目付になると思っていたので、御先手頭を仰せ付けられてがっかりし、加役に任じられたことで少し元気を取り戻したのだが、またまた長谷川がたいへんいじめ、家来もなおさら意地悪くいじめるので、大いに弱って、御役を退こうと考え、嘆息しているということです。

確かに、太田の家柄と経歴なら、目付になり、遠国奉行になろうという思いがあるのも当然である。それが閑職の御先手頭で、加役ならまだ次が開けるが、そこでは平蔵にいじめられたのである。

そもそも太田が加役に任じられ、はじめて平蔵に伝達を承りに行ったところ、平蔵から次のように言われたという。

こっちではそっちを見倒そふとおもひ、そっちではこっちを見倒そふと思ふが、まづ第一の伝達でござる。

――私はあなたを見倒そうと思い、あなたは私を見倒そうと思って御役に励むというのが、まず第一の伝達であります。

平蔵の言葉は、よく言えばお互いに相手を凌駕《りようが》するような仕事をしよう、ということだが、言葉通りに受け取れば、互いにライバルとして足を引っ張りあおうと言っているようにも聞こえる。

これにはさすがの太田もびっくり仰天し、返答に困ったという。不遇な平蔵は、ずいぶんと意地悪な先輩になっていたようである。

太田は、それでも当分加役を勤め上げ、同六年十一月十七日には日光奉行となった。そして同八年九月二十五日、小姓組番頭《こしようぐみばんがしら》に昇進、同十年十二月十日、西の丸書院番頭《しよいんばんがしら》に異動した。さすがに三千石の旗本だけあって、ずいぶんと重い役職に任じられたのである。

終　章　松平定信の退場

寛政二年（一七九〇）七月頃、松平定信《まつだいらさだのぶ》について、次のようなことがささやかれている。

武家町人共《ども》、此節《このせつ》はとかく西下《せいか》を御恨み申し候《そうろう》もの多く御《ご》ざ候由《よし》。

――武家や町人どもは、今はとかく西下を御恨み申す者が多くいるということです。

江戸中から歓呼の声で迎えられた定信だったが、この頃、定信の政治を恨む者が多くなったというのである。まず、問題は、米価の下落だった。このため、旗本たちの収入は大幅に減少していた。

定信は、旗本財政の立て直しのため、札差《ふださし》（蔵宿《くらやど》）からの借金を棒引きとする棄捐令《きえんれい》を出したが、このため札差は旗本に金をなかなか貸さないようになった。すると貧乏な旗本は、とたんに苦しみ、勤務に差し支える者すら出るようになった。これまでは、そういうときは、将来の俸禄《ほうろく》を担保にお金を貸してもらっていたのである。もともとそうした旗本は、家政の健全化といったことには思い至らず、とにかく札差からお金を借りて急場をしのげばそれでいい、という考えだった。それがお金を貸してもらえないでは困るのである。

零細な町人も、定信の出した厳しい倹約令のせいで、不況に苦しんでいた。消費の低迷により、売り上げが少なく儲《もう》けもあまり出ない。このため、とかく不満を言うようになっていた。ただこれは、田沼時代が現代でいうバブルの時代で、武士も町人までもが浮かれていたこととも関係する。そのあたりのことは、早くから次のように言われている。

　田沼の時分には人々奢《おご》り付き候《そうらい》て、只《ただ》一日〳〵の事のみに心懸け、始終の処《ところ》へは一向心付かず候（中略）当時にて商ひが少ないの暮し方がわるいのと町人共申し候も、必《(畢)》竟《きょう》 先達迄《せんだってまで》は奢《おご》りに長じ、無益の物も買い調《ととの》へ候に付き、金銭の廻《まわ》りは能《よ》く候《そうら》へ共、実は自分に溜め候心これなく、ぱツ〳〵と遣ひ候のみ、只商ひがないなどと申し候は、必《(畢)》竟当時人々始末致し倹約を致し候まま、俄《にわか》に左様には存じ候へども、二、三年も立ち申し候はば、右小言を申し候者も成程《なるほど》と感心致すべくと申し候サタ。

――田沼の時代には、人々は奢りの習慣がつき、その日を楽しく暮らすことだけを考え、将来のことはまったく考えなかった（中略）現在、商いが少ないの暮らし向きが悪いのと町人どもが言うが、これはつい最近までは奢っていて、無駄な物も買っていたので、金まわりはよかったかもしれないが、貯蓄するという気持ちもなく、ぱっぱと遣っただけだったからである。商いがないなどと言うのは、今の人々が消費を控え、倹約しているからで、今はそのように思うかもしれないが、二、三年もたてば、そのような不満を言う者もなるほどと感心するだろう、と言われています。

まるでバブル崩壊後の日本人が言っている言葉のようだが、定信が推進した政策は、デフレ時代を現出させたのである。定信の政治理念にそれほど間違いはなかったように思うが、下情に通じていないこともあり、バブルに浮かれた田沼時代と比較され、予期せぬ不満も受けることになったのであろう。

寛政二年四月十九日、定信は、初めて辞職を申し出た。定信のような政治家にとって、老中職は激務である。それほど長くは続けられないと思ったとしても不思議ではない。心のどこかでは、自分の意図が誤解され、なかなか思い通りに行かないことにいらだっていたのかもしれない。しかし、当然のように慰留された。その後もしばしば辞職願いを提出しており、同四年十月四日には奥兼帯を免除された。表の老中首座としての仕事だけに専念せよ、ということであろう。これで、日常的に家斉《いえなり》と接することが少なくなった。

そして同五年七月二十三日には、意外にも定信の辞職願いが受理された。家斉は、二十一歳になっていた。『寛政重修諸家譜《かんせいちょうしゅうしょかふ》』には「しばしば請ひ申すむねあるにより。補佐の任および加判の列をゆるされ、少将にすすみ、溜詰《たまりづめ》に列す」とある。老中職だけでなく、将軍補佐の任も解かれたのである。ただし、溜詰めとして幕政顧問となり、それまでの功績によって少将昇進の内示があった。形としては、辞職が円満に認められ、官位昇進などねぎらいの措置もあったのである。

しかし、定信が御役御免になったという情報が伝えられると、幕臣たちはみな驚愕《きょうがく》し、江戸城内は大混乱になった。

町奉行池田長恵《ながしげ》は、城中人目を憚《はばか》らず大声で泣いた。彼は定信から諭されたことをずいぶん恩義に感じていたのだろう。「金太郎」という仇名《あだな》があったから、「鬼の目にも涙とハ此事《このこと》ならん」とささやかれた。

勘定奉行の桑原盛員《くわばらもりかず》も落涙した。桑原は、昇進が遅く、これまでたびたび後輩から追い越されていた。定信に恨みの気持ちをもっていても不思議ではなく、今回も嘆くことがないだろうと思われていたが、大いに嘆いていた。

取り立てられて目付《めつけ》になり、定信のブレーンとしてさかんに使われていた間宮信好《まみやのぶよし》と中川忠英《なかがわただてる》も、当然のように大泣きした。小普請《こぶしん》奉行の神保長光《じんぼながみつ》は「にょほん（のほほん）といたし善悪に構はざる」人だったが、その彼にして「是《これ》ハ大変だ」と言ったらしい。

書院番頭石川正勲《しょいんばんがしらいしかわまさよし》は、「越中殿さへこんなめに御逢いなされた。おれらが様ナものハどんナ目に逢ふかもしれぬ。ア、こわい事だ。こんナときは早く逃るがよい」と言って、刀を持ち足早に城を退出した。とても書院番頭を勤める者の言動とは思いがたい。この人は、翌六年七月、将軍の意に染まぬことがあって罷免されている。

彼らは、口々に言った。

是《これ》では済まぬ。西下の御一己《ごいっこ》には此上もなくよい事だが、是では治《おさま》らぬ。御一己計《ばかり》能くなされても、御跡の事を御考えなされぬはちと合点の行ぬ事、別して遠国《おんごく》奉行などは力を落とすであらう。

——これでは済まない。西下御自身にはこの上もなくよい事だろうが、是では世の中が治まらない。御自身だけがよくても、あとの事を御考えなされないのは、少し合点が行かないことで、とりわけ遠国奉行などは力を落とすだろう。

定信に代わる政治家がいるとは、誰にも思えなかったのである。実際、残る老中の顔ぶれを見ても、政治を運営していくには不安がある。大方の考えは、次のようなものだった。

御筆頭伊豆守殿（松平信明《のぶあきら》）は、先宜《まずよろ》しかるべく候へ共、和泉殿（松平乗完《のりさだ》）は元より通人、受け合い申さず、殊に大病にて候へば出勤は有るまじき由。太田侯（資愛《すけよし》）も西下の御引き立て計《ばかり》にて勤め申され候故《ゆえ》、病身かたがた引っ込み申さるべき由。戸田侯（氏教《うじのり》）は一向に子共《こども》、只本多侯（忠籌《ただかず》）計此上御用これ有るべく候へ共、大悪人姦物《かんぶつ》のよし。

――御筆頭老中の松平信明は、まあよいだろうが、松平乗完はもともと通人で老中の任にふさわしくなく、また大病なので出勤できないだろう。太田資愛は、定信の御引き立てがあるから勤めているが、病身でもあり引っ込みなさるだろう。戸田氏教はまったく子どもで、ただ本多忠籌だけが御用を命じられることになるだろうが、これは「大悪人姦物」であるということだ。

特に問題とされたのは本多忠籌である。家斉に追従し、世間からは賄賂《わいろ》をとる。この人が中心になると、これからは世の中が悪くなっていくだろう、と予想された。本多は、定信の恩を大いに受けているのだから、人が二度泣くなら本多は五度、人が五度泣くなら本多は十度も泣かなければならない。しかるに本多は、少しもそういう気持ちはなく、内心では大いに喜んで元気がよい、誠に大姦物だ、と噂されている。

このように、本多以外の老中は大いに力を落とし、おいおい引っ込むことになりそうだ、という観測が一般的だった。

若年寄《わかどしより》や側衆《そばしゅう》も、あまりに驚いたためか、顔色が平日とは違っていた。特に中奥の者たちは、次のような様子だった。

林肥後守《はやしひごの》（忠篤《ただあつ》）、越中殿さへ、下から取て投げられなされた。扨々《さてさて》こわい、油断のならぬ事だと溜息つき候よし。平岡美濃守《ひらおかみの》（頼長《よりなが》）も顔色甚だ宜しからず候由。高井主膳《たかいしゅぜん》（清寅《きよとら》）は強く塞《ふさ》ぎ候様子の由。いづれ奥向きにても是では済まぬと嘆き、安心致さざるもの多く御ざ候由。

――林忠篤は、「越中殿さえ下から取って投げられなされた。さてさて恐い、油断のならない事」だと溜息をついていたということです。平岡頼長も顔色がたいへんよくなかったということです。高井清寅は強く塞いでいる様子だということです。中奥の役人もみな、「これでは済まぬ」と嘆き、不安に思っている者が多いということです。

林は、寛政五年三月から側衆を勤めていた。平岡は、寛政三年から御側御用取次《おそばごようとりつぎ》を勤めている。高井清寅は、小姓組番頭《こしょうぐみばんがしら》格奥勤《づとめ》だから小姓の上位者である。

その林は、権力抗争のせいだと考え、ため息をついている。平岡はたいへん顔色が悪く、高井は強く塞いでいた。

この人事は、ここに名前が載っている者のたくらみではなかっただろう。「是では済まぬ」と嘆き、不安に思っている者が多かったからである。

勘定奉行の柳生久通《やぎゅうひさみち》や佐橋佳如《さばせよしゆき》などは、まったく茫然《ぼうぜん》自失の様子だった。番の者たちも、茫然としている者が多かった。同じく勘定奉行の久世広民《くぜひろたみ》は、当時、役人の一番と人々から賞賛されている人だった。たまたまこの日は早く退出しており、定信は彼に会えなかったので、「丹後《たんご》（久世）へもよろしく」と伝言したという。おそらく城内に残っていれば、この人事に彼もあきれただろう、と噂されている。

この頃の幕閣中枢部は、ほとんど全員が定信が行った人事である。そのため、誰もが驚き、悲しんでいた。二十四日、二十五日と、江戸城中はひっそりとして締まりがなく、役人たちはみな落胆していた。下馬のあたりが寂しいだけではなく、町方までも自然とひっそりとしていたという。

こうして六年間にわたった定信の政治は終わりを告げた。しかし、それにしても、ここまで多くの役人に惜しまれながら引退した老中は空前絶後だったということができる。ただ、謎として残されているのは、どうして定信は引退することになったのか、ということである。

定信が寛政二年から辞職願いを出していたというのは事実である。政治が思うようにいかなくなれば、激務で経費もかかる老中をいつまでも勤めていられない、という弱気な気持ちも生じただろう。実際、役人たちも、定信の老中退任を「西下の御一己には此上もなくよい事」と言っている。定信自身にとっては、老中職をゆるされることは「よい事」だったのである。

しかし、これは確かに定信一己の事情にすぎない。家斉が定信を必要としていたら、いつまでも慰留されたであろう。事実、このときまでは、受理されなかったのである。受理されたということは、家斉のほうに定信を煙たく思う気持ちがあったからだろう。

ここで注目すべきなのは、定信が「下から取って投げられた」とする側衆の林の言葉である。定信を取って投げた「下」とは、誰のことを指すのであろうか。

表の役人は、誰もが定信の辞職を嘆いていた。表の役人が家斉に何か言うことはできるはずがない。黒幕は、中奥役人以外には考えられない。それに、林は側衆だったから、何かを知っていたのだろう。中奥に勢力を持つ誰かが、家斉に定信の辞職願いを受理するよう勧めたのではないだろうか。

当時、側衆は、本郷泰行《やすゆき》、加納久周《ひさのり》、平岡頼長、林忠篤、酒井忠美《ただよし》、高井清寅の六人で、御側御用取次は加納と平岡だった。

側用人《そばようにん》は、寛政二年十一月十六日、戸田氏教が老中となってから置かれていない。ただし、側用人から老中格となった本多忠籌は奥兼帯を命じられており、同三年十月、多病のため辞職を願ったときも、「公務繁多なる時は同列にたすけられてなを在職たるべし。よりて是までの務をゆるされ、以来は奥のこと専らに精勤すべきむね」(『寛政重修諸家譜』)を命じられている。定信は同四年十月に奥兼帯を免除されているから、中奥は本多の自由になっていたと思われる。

こう考えると、定信引退の策を弄《ろう》した可能性が一番高いのは、定信と二人三脚で寛政改革を行ってきたはずの本多である。実は本多は、この直前に、息子のことで定信と一《ひと》悶着《もんちゃく》あった。

本多の息子河内守忠誠《かわちのかみただしげ》は、身分もわきまえず江戸市中を出歩いており、評判が悪かった。それを心配した定信は、本多に意見した。

「御子息河内殿は、所々へ御出《おいで》なさっているようですが、御手前様の御勤め中でございますから、余り所々へ御出なさるのは御無用にされたほうがよろしかろう」

本多は、挑発的な態度で答えた。

「拙者の倅《せがれ》は放蕩《ほうとう》者です。早速惣領《そうりょう》除きの御届けでも出しましょう」

これを聞いて定信は、あわてて言った。

「いや、左様のつもりでお話ししたわけではありません。友人として、御為《おんため》を考えて話しているのです」

本多は、あとで、「西下公は能《よ》くない」と言っていたという。こうした感情のすれ違いが、引き金になった可能性がある。ただ、本多に積極的に定信辞任の工作をするほどの度胸があったとは思えない。

そうだとすれば、定信の老中辞任は、まず将軍家斉が思いつき、その相談を受けた奥兼帯の老中格本多がそれに賛意を示したことで、突然の仰せ出されとなったものかもしれない。家斉は、父一橋治済《ひとつばしはるさだ》を大御所として江戸城に迎え入れようとし、定信に阻まれている。信頼している老中ではあるが、彼がいると自分の自由にならないことも出てくる。そのため、定信の退任願いを許可したのではないだろうか。

これは、中奥で行われたことだけに、中奥役人の平岡や高井は、そうした事情をうすうす知っていたものと思われる。泣いたりするのではなく、顔色が異常に悪かったり、塞いだりしていたのは、良心の呵責《かしやく》があったためだと考えられるのである。

付表・諸役職就任者

老中	官途	年齢	城地	石高	在職期間	西暦	前職	後職	寛政譜	生年	西暦
松平康福	周防守	44	三河岡崎	50000	宝暦12年12月9日－天明8年4月3日	1762～1788	大坂城代	免職	⑥327	享保4	1719
鳥居忠意(忠孝)	丹波守	65	下野壬生	30000	天明元年9月18日－寛政5年2月29日	1781～1793	若年寄	溜間	⑨296	享保2	1717
牧野貞長	備後守	54	常陸笠間	80000	天明4年5月11日－寛政2年2月2日	1784～1790	京都所司代	辞職	⑥279	享保18	1733
水野忠友	出羽守	51	駿河沼津	30000	天明元年9月18日－天明8年3月28日	1781～1788	側用人	免職	⑥58	享保16	1731
阿部正倫	備中守	42	備後福山	100000	天明7年3月7日－天明8年2月29日	1787～1788	寺社奉行	辞職	⑩354	延享2	1745
松平定信	越中守	30	陸奥白河	110000	天明7年6月19日－寛政5年7月23日	1787～1793	溜詰	免職	①303	宝暦8	1758
松平信明	伊豆守	29	三河吉田	70000	天明8年4月4日－享和3年12月22日	1788～1803	側用人	卒	④410	宝暦10	1760
松平乗完	和泉守	38	三河西尾	60000	寛政元年4月11日－寛政5年8月19日	1789～1793	京都所司代	卒	①62	宝暦2	1752

側用人	官途	年齢	城地	石高	在職期間	西暦	前職	後職	寛政譜	生年	西暦
松平信明	伊豆守	29	三河吉田	70000	天明8年2月2日－天明8年4月4日	1788～1788	奏者番	老中	④410	宝暦10	1760
本多忠籌	弾正少弼↓弾正大弼	50	陸奥泉	15000	天明8年5月15日－寛政2年4月16日	1788～1790	若年寄	老中格	⑪231	元文4	1739
戸田氏教	采女正	37	美濃大垣	100000	寛政2年4月16日－寛政2年11月16日	1790～1790	奏者番兼寺社奉行	老中	⑭379	宝暦4	1754
本多忠籌※	弾正大弼	52	陸奥泉	20000	寛政2年4月16日－寛政10年10月26日	1790～1798	側用人	辞職	⑪231	元文4	1739
戸田氏教	采女正	37	美濃大垣	100000	寛政2年10月16日－文化3年4月26日	1790～1806	側用人	卒	⑭379	宝暦4	1754
太田資愛	備中守	55	遠江掛川	50000	寛政5年3月1日－享和元年6月7日	1793～1801	京都所司代(雁間詰)	辞職	④380	元文4	1739

※は老中格・奥兼帯

若年寄	官途	年齢	城地	石高	在職期間	西暦	前職	後職	寛政譜	生年	西暦
太田資愛	備中守	43	遠江掛川	50000	天明元年閏5月11日－寛政元年4月11日	1781～1789	奏者番兼寺社奉行	京都所司代	④380	元文4	1739
井伊直朗	兵部少輔	35	越後与板	20000	天明元年9月18日－文化9年12月25日	1781～1812	奏者番	病免	⑫310	寛延3	1750
安藤信成	対馬守	42	陸奥磐城平	50000	天明4年4月15日－寛政5年8月24日	1784～1793	奏者番兼寺社奉行	老中	⑰180	寛保3	1743
松平忠福	玄蕃頭	44	上野小幡	20000	天明5年12月24日－天明8年4月11日	1785～1788	奏者番	辞職	①277	寛保2	1742
本多忠籌	弾正少弼	49	陸奥泉	15000	天明7年7月17日－天明8年5月15日	1787～1788	帝鑑間席	側用人	⑪231	元文4	1739
青山幸完	大膳亮	37	美濃郡上	48000	天明8年3月22日－寛政3年9月18日	1788～1791	奏者番	辞職	⑫97	宝暦2	1752
京極高久	備前守	60	丹後峯山	11000	天明8年6月18日－文化5年4月20日	1788～1808	大番頭	卒	⑦186	享保14	1729
堀田正敦	摂津守	33	近江堅田	10000	寛政2年6月10日－天保3年正月29日	1790～1832	大番頭	隠居	⑪9	宝暦8	1758

加納久周※	遠江守	41	伊勢・上総・下総の内	10000	寛政5年正月27日－寛政9年閏7月4日	1793～1797	御側御用取次	辞職	㉒139	宝暦3	1753

※は若年寄格御側御用取次

寺社奉行	官途	年齢	城地	石高	在職期間	西暦	前職	後職	寛政譜	生年	西暦
松平輝和	右京亮	35	上野高崎	82000	天明4年4月26日－寛政10年12月8日	1784～1798	奏者番	大坂城代	⑤9	寛延3	1750
土井利和	大炊頭	28	下総古河	70000	天明6年3月24日－天明8年6月26日	1786～1788	奏者番	奏者番	⑤254	宝暦9	1759
松平乗完	和泉守	36	三河西尾	60000	天明7年3月12日－天明7年12月16日	1787～1787	奏者番	京都所司代	①62	宝暦2	1752
稲葉正諶	丹後守	39	山城淀	102000	天明7年4月19日－天明8年6月26日	1787～1788	奏者番	奏者番	⑩196	寛延2	1749
牧野忠精	備前守	28	越後長岡	74000	天明7年12月23日－寛政4年8月28日	1787～1792	奏者番	大坂城代	⑥271	宝暦10	1760
松平信道	紀伊守	27	丹波亀山	50000	天明8年6月26日－寛政3年8月18日	1788～1791	奏者番	卒	①132	宝暦12	1762
板倉勝政	左近将監→周防守	30	備中松山	50000	天明8年6月26日－寛政10年5月1日	1788～1798	奏者番	奏者番	②145	宝暦9	1759

戸田氏教	采女正	36	美濃大垣	100000	寛政元年11月24日-寛政2年4月16日	1789〜1790	奏者番	側用人	⑭379	宝暦4	1754
脇坂安董	淡路守↓中務大輔	24	播磨龍野	51890	寛政3年8月28日-文化10年閏12月12日	1791〜1813	奏者番	免職	⑮75	明和5	1768
立花種周	出雲守	49	筑後三池	10000	寛政4年9月20日-寛政5年8月25日	1792〜1793	大番頭	若年寄	②379	延享元	1744

町奉行	官途	年齢	城地	石高	在職期間	西暦	前職	後職	寛政譜	生年	西暦
曲淵景漸	甲斐守	45	―	1650	明和6年8月15日-天明7年6月1日	1769〜1787	大坂町奉行	西丸留守居	③339	享保10	1725
山村良旺	信濃守	56	―	500	天明4年3月12日-寛政元年9月7日	1784〜1789	勘定奉行	清水家家老	⑩315	享保12	1729
石河政武	土佐守	64	―	2700	天明7年6月10日-天明7年9月19日	1787〜1787	寄合より、元小普請組支配	卒	⑤427	享保9	1724
柳生久通	主膳正	43	―	600	天明7年9月27日-天明8年9月10日	1787〜1788	小普請奉行	勘定奉行上座	㉒271	延享2	1745
初鹿野信興	河内守	45	―	1200	天明8年9月10日-寛政3年12月20日	1788〜1791	浦賀奉行	卒	⑮352	延享元	1744

氏名	官途	年齢	城地	石高	在職期間	西暦	前職	後職	寛政譜	生年	西暦
池田長恵	筑後守	45	—	900	寛政元年9月7日-寛政7年6月28日	1789～1795	京都町奉行	大目付	⑤72	延享2	1745
小田切直年	土佐守	50	—	2930	寛政4年正月18日-文化8年4月20日	1792～1811	大坂町奉行	卒	⑦21	寛保3	1743

勘定奉行	官途	年齢	城地	石高	在職期間	西暦	前職	後職	寛政譜	生年	西暦
久世広民	丹後守	53	—	3000	天明4年3月12日-寛政9年6月5日	1784～1797	長崎奉行	西丸小姓組番頭	⑧17	享保17	1732
柘植正寔	長門守	52	—	1500	天明6年閏10月21日-天明8年7月25日	1786～1788	作事奉行	清水家家老	⑧229	享保20	1735
青山成存	但馬守	64	—	1200	天明6年12月1日-天明7年11月12日	1786～1787	普請奉行	田安家家老	⑫109	享保8	1723
根岸鎮衛	九郎左衛門↓肥前守	51	—	500	天明7年7月1日-寛政10年11月11日	1787～1798	佐渡奉行	町奉行	㉒104	元文2	1737
久保田政邦	十左衛門↓佐渡守	70	—	500	天明8年5月10日-寛政4年閏2月8日	1788～1792	佐渡奉行	西丸留守居	⑲115	享保2	1717
柳生久通※	主膳正	44	—	600	天明8年9月10日-文化14年2月26日	1788～1817	町奉行	留守居	㉒271	延享2	1744

曲淵景漸	甲斐守	64	—	1650	天明8年11月24日-寛政9年2月12日	1788～1797	小普請組支配	留守居	③339	享保10	1725
佐橋佳如	長門守	53	—	1000	寛政4年閏2月8日-寛政6年9月16日	1792～1794	日光奉行	寄合	⑮200	元文5	1740

※は勘定奉行上座

火付盗賊改	通称	年齢	城地	石高	在職期間	西暦	前職＊	後職	寛政譜	生年	西暦
堀秀隆	帯刀	45	—	1500	天明5年11月15日-天明8年9月28日	1785～1788	目付	御持筒頭	㉑122	元文2	1737
長谷川宣以	平蔵	43	—	400	天明7年9月19日-寛政7年5月16日	1787～1795	西丸御徒頭	病免	⑭96	延享2	1745
松平定寅※	左金吾	47	—	2000	天明8年10月6日-寛政4年5月11日	1788～1792	火事場見廻	辞	①308	寛保2	1742
太田資同※	運八郎	30	—	3000	寛政4年9月4日-寛政6年3月29日	1792～1794	御使番	日光奉行	⑲152	宝暦13	1763

※は当分加役

＊前職は先手頭の前

参考文献

〈史料〉

水野為長『よしの冊子』森銑三ほか編『随筆百花苑』八・九巻、中央公論社、一九八〇・八一年

海保青陵『経済話』『日本思想大系　本多利明・海保青陵』岩波書店、一九七〇年

神沢杜口『翁草』巻之百十『日本随筆大成　翁草〈4〉』吉川弘文館、一九七八年

東京大学史料編纂所編『大日本近世史料・柳営補任』東京大学出版会、一九六三—七〇年

『新訂　寛政重修諸家譜』続群書類従完成会、一九六四—六七年

〈単行本〉

井野辺茂雄『幕末史の研究』雄山閣、一九二七年

辻善之助『田沼時代』岩波書店〈岩波文庫〉、一九八〇年

藤田　覚『松平定信』中央公論社〈中公新書〉、一九九三年

辻　達也『江戸幕府政治史研究』続群書類従完成会、一九九六年

水谷三公『江戸の役人事情—『よしの冊子』の世界』筑摩書房〈ちくま新書〉、二〇〇〇年

三田村鳶魚「稼ぐ御殿女中」『三田村鳶魚全集』第三巻、中央公論社、一九七六年

山本博文『江戸の金・女・出世』角川学芸出版〈角川ソフィア文庫〉、二〇〇六年

山本博文『旗本たちの昇進競争—鬼平と出世』角川学芸出版〈角川ソフィア文庫〉、二〇〇七年

山本博文『お殿様たちの出世—江戸幕府老中への道』新潮社〈新潮選書〉、二〇〇七年

あとがき

江戸時代の武士や庶民は、なかなかにたくましい。これまで彼らは、権力を持つ幕閣や役人に虐げられてばかりいるように描かれているが、実際には幕閣や役人の噂話をしながら、それぞれの生活を楽しんでいた。その噂話も、批判的でありながら、根底のところでは幕府の政治を信頼しているように思う。

そのような武士や庶民の発言を集めた探索書が、本書で使用した『よしの冊子《さつし》』である。この書物には、松平定信が行った寛政改革期の老中、若年寄らの幕閣や、町奉行、勘定奉行、火付盗賊改ら、江戸の町人に密接に関わる諸役人の噂話が多数書き留められている。江戸の庶民は、幕閣や諸役人のことをここまでよく知っていたのかと、驚くほどである。

評判のよい役人には、庶民も信頼を寄せているし、問題がある役人に対する人物評は辛辣《しんらつ》である。これを読むと、その人物の人間性が浮かび上がってくるようである。

教科書や歴史書では、歴史上の人物の人間性にまで踏み込んで説明されることがない。しかし、歴史研究の醍醐味《だいごみ》は、歴史上の人物の心性にまで迫って読み解くことにあると思う。私はこれまで歴史上の人物を、本人が書いた書状や日記を読むことによって、等身大にとらえ、その上でその人の行った事蹟《じせき》を分析してきた。そうすることによって初めて真実の歴史に迫れるのだと考えていたからである。

『よしの冊子』は書状や日記のような一次史料ではないが、同時代の噂を書き留めたものだから、裏が取れれば一次史料に準ずる信頼できる史料となる。本書を読んでいただくと、これまで名前だけ覚えていたような、あるいは名前も知らないような幕閣や役人が、まるで自分の近くにいる人物のような気がしてくると思う。実際、私も、『よしの冊子』を読みながら、そう感じたのである。

歴史小説や歴史ドラマでは、歴史上の人物の人物像がよく描かれている。読者が歴史に学ぼうとするのは、そういう理想的な人物の行動である。しかし、小説やドラマである限り、あくまでそれはフィクションの世界のものである。それに対して本書は、歴史上の人物をありのままに描いている。そのため、重要な歴史的役割を果たした人物も、出世欲があり、保身に走り、家庭の悩みもある一個の人間として浮かび上がってくる。本書を通して、歴史における人物研究のおもしろさを感じていただければ幸いである。

平成三十年十月

山本博文《やまもとひろふみ》

本書は二〇一五年二月に小社から刊行された新人物文庫
『武士の人事評価』の角川新書版です。

山本博文（やまもと・ひろふみ）
1957年、岡山県津山市生まれ。東京大学文学部国史学科卒業。文学博士。東京大学史料編纂所教授などを務めた。1992年、『江戸お留守居役の日記』（読売新聞社、のちに講談社学術文庫）で第40回日本エッセイスト・クラブ賞を受賞。著書に、『決定版　江戸散歩』（KADOKAWA）、『赤穂事件と四十六士』（吉川弘文館）、『東大教授の「忠臣蔵」講義』『流れをつかむ日本史』（共に、角川新書）、『現代語訳　武士道』（ちくま新書）、『歴史をつかむ技法』（新潮新書）、『天皇125代と日本の歴史』（光文社新書）など多数。角川まんが学習シリーズ『日本の歴史』の全巻監修。NHK Eテレ「知恵泉」などテレビやラジオなどにも数多く出演。2020年3月逝去。

武士《ぶし》の人事《じんじ》

山本博文《やまもとひろふみ》

2018年11月10日　初版発行
2025年5月30日　3版発行

発行者　山下直久
発　行　株式会社KADOKAWA
〒102-8177　東京都千代田区富士見2-13-3
電話　0570-002-301（ナビダイヤル）

装丁者　緒方修一（ラーフイン・ワークショップ）
ロゴデザイン　good design company
オビデザイン　Zapp!　白金正之
印刷所　株式会社KADOKAWA
製本所　株式会社KADOKAWA

角川新書

ISBN978-4-04-082275-4 C0221

KADOKAWAの新書 好評既刊

強がらない。
心屋仁之助

「わたしはこれができません」「こんなことをやらかしました」……で、なにか?――まるで丸腰で戦場を歩いているかのような感覚。でも、それは自分のなかにずっとあったもの。カッコ悪くて、ありのまま。強がらない生き方のススメ。

いい加減くらいが丁度いい
池田清彦

70歳を過ぎ、定年を迎え、今や立派な老人になったからこそ分かる「言ってはいけない本当のこと」を直言。世の欺瞞に流されず、毎日をダマシダマシ生きるための、ものの見方や考え方のヒントを伝える、池田流「人生の処方箋」。

親鸞と聖徳太子
島田裕巳

日本で一番信者数の多い浄土真宗。宗祖・親鸞の浄土教信仰は法然を師とするが、親鸞の非僧非俗の生き方のモデルは聖徳太子にあった。親鸞が残した和讃や妻・恵信尼の手紙などから、浄土真宗の源流には聖徳太子の存在があることを読み解いていく。

日本型組織の病を考える
村木厚子

財務省の公文書改竄から日大アメフト事件まで、なぜ同じような不祥事が繰り返されるのか? かつて検察による冤罪に巻き込まれ、その後、厚生労働事務次官まで務めたからこそわかった日本型組織の病の本質とは。

使ってはいけない集団的自衛権
菊池英博

朝鮮半島外交、米中関係などを見誤り、時代遅れの外交政策で孤立する日本。しかし、「でっち上げ」の国難で破滅の道へと向かう現政権。その最たるものが集団的自衛権の行使だ。日本再生のために採るべき策とは?

KADOKAWAの新書 ❦ 好評既刊

流れをつかむ日本史
山本博文

時代が動くには理由がある。その転換点を押さえ、大きな流れの中で歴史を捉えることで、歴史の本質をつかむことができる——。原始時代から現代まで、各時代の特徴と、時代が推移した要因を解説。史実の間の因果関係を丁寧に紐解く！

ブラックボランティア
本間　龍

スポンサー収入4000億円と推定される2020年東京オリンピック。この運営を、組織委・電通は11万人もの無償ボランティアでまかなおうとしている。「一生に一度の舞台」など、美名のもとに隠された驚きの構造を明らかにする。

ベニヤ舟の特攻兵
8・6広島、陸軍秘密部隊Ⓛの救援作戦

豊田正義

Ⓛという秘密兵器があった。それは戦闘機でも潜水艇でもなく、ベニヤ板製の水上特攻艇。Ⓛの特攻隊は秘密部隊ゆえに人知れず消えていった。しかし、この特攻隊にはより大きな秘史があった。封印を破り、Ⓛ兵士たちは語った。

粋な男たち
玉袋筋太郎

自分のことを「粋な男だ」なんて、まったく思っていないよ。でも、粋に憧れる思いは昔も今もずっと変わらないし、多くの偉大な人たちが見せてくれた「粋」を感じる「センサー」だけは持ち続けているという自負はある。

知らないと恥をかく世界の大問題9
分断を生み出す1強政治

池上　彰

「トランプ・ファースト」が世界を混乱に陥れている。緊迫化する中東、東アジア情勢。その裏で世界の指導者の独裁化が進む。分断、対立、民主主義の危機……世界のいまは？池上彰の人気新書・最新第9弾。